KB273311

천로역정

天路歷程

The Pilgrim's Progress (Illustrated Edition)

고전의 숲
두란노 머스트북 1

천로역정

지은이 | 존 번연
옮긴이 | 정성묵
초판 발행 | 2019. 4. 17
20쇄 발행 | 2024. 8. 9
등록번호 | 제1988-000080호
등록된 곳 | 서울특별시 용산구 서빙고로65길 38
발행처 | 사단법인 두란노서원
영업부 | 02)2078-3333 FAX | 080-749-3705
출판부 | 02)2078-3330

책값은 뒤표지에 있습니다.
ISBN 978-89-531-3461-4 04230
　　　978-89-531-3462-1 04230 (세트)

독자의 의견을 기다립니다.
tpress@duranno.com　www.duranno.com

두란노서원은 바울 사도가 3차 전도 여행 때 에베소에서 성령 받은 제자들을 따로 세워 하나님의 말씀으로 양육하던 장소입니다. 사도행전 19장 8-20절의 정신에 따라 첫째 목회자를 돕는 사역과 평신도를 훈련시키는 사역, 둘째 세계선교™와 문서선교단행본·잡지 사역, 셋째 예수문화 및 경배와 찬양 사역, 그리고 가정·상담 사역 등을 감당하고 있습니다. 1980년 12월 22일에 창립된 두란노서원은 주님 오실 때까지 이 사역들을 계속할 것입니다.

천로역정

존 번연 지음

정성묵 옮김

두란노

추천의 글

《천로역정》은 기독교 고전이다.

단테의 《신곡》에는 "연옥" 편이 있어서

개신교인들이 수용하기 어려운 대목들이 있다.

한 지역에 복음이 전해지면 제일 먼저 《천로역정》이 번역되곤 했다.

그런 의미에서 17세기 이후 기독교 복음의 정신을 대표하는

기독교 고전은 아무래도 《천로역정》이라고 할 수 있다.

그동안 적지 않은 번역판이 있었지만, 고전은 언제나

그 시대를 대표하는 새 언어로 번역될 필요를 느낀다.

성경처럼 말이다.

그런 뜻에서 신뢰할 만한 기독교 출판사인

두란노서원에서 이 책을 번역하게 된 것이 더없이 기쁘다.

이 책을 읽고 가평 천로역정 순례 공원을 방문해 보길 권한다.

큰 은혜와 믿음의 새 의미를 느끼게 될 것이다.

이동원 지구촌교회 원로목사

이십 대 초반,

종작없는 열정에 휩싸여 매사 비판적이었던 내게 벗 하나가

웃으며《천로역정》을 건넸다. 별 기대 없이 손에 들었지만

모든 것을 버려두고 길을 떠나는 크리스천의 홀가분한 모습에

마음이 이끌렸다. 온갖 유혹과 시련을 뿌리치며

끝끝내 진리의 모험을 계속하는 그의 모습에서

나는 얼핏 거룩한 분의 뒷모습을 본 듯했다.

땅의 현실에 탐닉하느라 순례자임을 잊고 사는 이들에게 이 책은

우리가 지향해야 할 세계가 어디인지를 옹골차게 가리켜 보인다.

이 책을 통해 독자들이 현실을 외면하지 않으면서도

현실을 초극할 용기를 얻을 수 있으면 참 좋겠다.

김기석 청파교회 담임목사

영적 도전이 필요할 때 《천로역정》을 펼치면
다시금 일어날 힘을 얻는다.
자신의 영적 상태를 점검하고자 《천로역정》을 읽으면
상황을 극복하는 지혜와
사명을 이루고자 하는 새로운 결단이 일어난다.
《천로역정》을 손에 쥐면
세상 앞에서 겸손하나 당당한 참신자의 삶이 시작된다.
한국 모든 그리스도인들이 찰스 스펄전처럼
《천로역정》을 100번은 읽었으면 좋겠다.

류응렬 와싱톤중앙장로교회 담임목사

차례

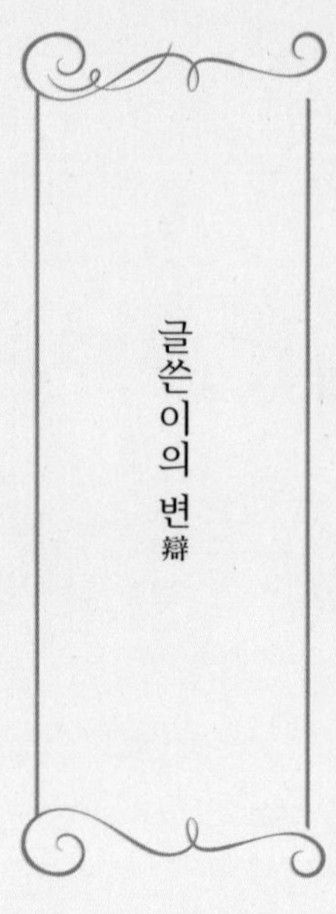

처음 이 책을 쓰기 위해 펜을 들었을 때만 해도 이런 형식으로 이런 변변치 않은 글을 쓰게 될 줄은 전혀 생각지 못했습니다. 사실, 저는 다른 형식의 책을 생각하고 있었어요. 그런데 그 책을 거의 다 썼을 무렵, 저는 갑작스럽게도 완전히 다른 이야기를 시작하게 되었습니다.

자초지종은 이렇답니다. 저는 복음 시대 성도들의 삶에 관해 글을 쓰고 있었습니다. 그러다 설명할 수 없는 이유로 별안간, 영광으로 향해 가는 순례 여정에 대한 우화로 글의 방향을 완전히 바꾸게 되었고, 그때 마침 열두 가지 이상의 이야기가 떠올랐습니다. 그런데 그 글을 마치기도 전에 또다시 열두 가지 이야기가 더 떠오르는 게 아니겠어요?

거기서 멈추지 않고, 그 이야기들이 마치 사방으로 튀는 숯불의 불티처럼 마구 퍼져 나가기 시작했습니다. 그대로 두었다가는 이야기가 무한대로 뻗어나가 처음에 정한 방향대로 가지 않고 오리무중에 빠질 것만 같았지요. 그래서 재빨리 글을 써 내려갔지만 세상에 선보일 생각은 애초에 없었습니다. 그냥 글을 써야겠다는 생각뿐, 그 글로 뭘 하자는 생각은 없었습니다. 이웃을 즐겁게 해 주기 위해서 쓴 것도 아니요, 그저 나 자신의 만족을 위해 썼을 뿐입니다.

그렇다고 해서 시간이나 때우고자 끄적거린 것도 아니요, 헛된 잡념을 떨쳐 내려는 목적으로 쓴 것도 아닙니다. 단지 펜만 들면 자연스럽게 이야기가 마구 떠올랐습니다. 형식만 정한 상태에서 이야기가 떠오르는 대로 글로 옮겼더니 마침내 이만한 분량, 이러한 형식의 책이 탄생했습니다.

책을 마친 뒤에 혹평이 날아올지, 아니면 읽을 만하다는 말을 들을지 알고자 다른 사람들에게도 보여 주었지요. 그랬더니 이 책을 살리라는 이들이 있는가 하면, 세상에 내놓지 말라는 이들도 있었습니다. 어떤 이들은 책을 내라고 권했고, 어떤 이들은 그럴 만한 가치가 없다고 만류했습니다. 사람들에게 유익을 주는 책이 될 것 같다는 이들도 있었고, 전혀 도움이 되지 않는다는 이들도 있었습니다.

도대체 누구의 말이 옳은지 몰라 곤혹스러웠습니다. 결국, 이렇게 의견이 갈린다면 일단 출간을 해 놓고 반응을 보기로 결정했습니다. 어떤 이들은 책을 내라고 하고 어떤 이들은 창고에 처박아 두라고 하니 누구의 말이 옳은지 시험대 위에 올려 보는 것이 최선이라고 판단했던 것이지요.

나아가, 출간을 찬성하는 사람들의 말을 무시한다면 그들이 얻을 기쁨을 빼앗는 꼴이 되지 않겠습니까? 그래서 출간을 반대하는 사람들을 이렇게 달랬답니다.

"그대들의 기분을 나쁘게 할 생각은 없지만, 다른 분들이 출간을 원하고 있으니 일단 결과를 조금 기다려 주시는 것이 어떤지요? 이 책이 싫으시다면 읽지 않으셔도 괜찮습니다. 살코기를 좋아하는 사람이 있는가 하면 뼈째 뜯어 먹는 갈비를 좋아하는 사람도 있는 법이니까요."

그들을 달래는 데 도움이 될까 싶어 이런 해명도 해 보았답니다.

"제 글의 형식이 틀린 것일까요? 이런 형식의 글로도 얼마든지 유익을 끼칠 수 있지 않을까요? 하늘을 생각해 보십시오. 먹구름이 낀 어두운 하늘은 비를 뿌리지만, 밝은 하늘은 비를 뿌리지 않습니다. 하지만 어두운 하늘이든 밝은 하늘이든 각자의 은빛 가루를 뿌려 주면 대지는 곡식을 내어 둘 모두에 화답할 뿐, 어느 쪽도 싫어하지 않고 두 하늘이 함께 빚어낸 열매를 소중히 여깁니다. 하나의 열매 안에는 두 하늘의 은빛 가루가 서로 구분할 수 없을 정도로 섞여 있습니다. 열매는 배가 고플 때는 두 가루 모두를 기꺼이 받아들이지만 배가 부를 때는 둘 다 쓸모없다며 뱉어내지요.

이번에는 우리가 물고기를 잡기 위해 사용하는 도구와 기술을 생각해 보십시오. 대개는 낚싯대와 낚싯줄, 낚싯바늘, 미끼, 그물을 이용합니다. 하지만 그런 것들로 잡을 수 없는 물고기도 있습니다. 손으로 물속을 더듬어서 잡아야 하는 물고기도 있고, 어떤 낚시 방법으로도 잡을 수 없는 물고기도 있지요.

들새 사냥꾼이 사냥을 하는 방법은 또 어떤가요? 사냥에 필요한 도구들은 총과 그물, 끈끈이를 바른 나뭇가지, 등불, 방울까지 일일이 다 열거할 수도 없을 만큼 많지요. 사냥의 자세는 또 얼마나 다양한가요? 기거나 달리고 한참 동안 가만히 기다리기도 합니다. 여기서 끝이 아닙니다. 원하는 새를 잡으려면 피리와 휘파람도 불 줄 알아야 합니다. 하지만 때로 그렇게 소리를 내면 오히려 새가 날아가 버리기도 하니 참으로 정답이 없습니다.

진주 한 알이 두꺼비의 머릿속에 들어 있을 수도 있고 조개껍데기 안에서 발견될 수도 있습니다. 이렇듯 예상하지 못한 것들 속에 금보다 더 귀한 것이 숨겨져 있다면 그것을 알고 찾기 위해 들여다보는 사람을 누가 어리석다 말할 수 있을까요? 제 책은 그럴듯한 치장을 하지 않아 조금 보잘것없어 보일지 모르겠으나, 화려하기만 할 뿐 공허하기 짝이 없는 관념들로만 그득한 책보다 나은 점이 전혀 없다고는 생각지 않습니다."

제 이야기를 듣고 누군가는 이렇게 말할지도 모르겠습니다.

"하지만 철저히 검증하면 과연 당신의 책이 버틸 수 있을지 의심스럽군요."

왜 그렇죠? 무엇이 문제인가요?

"내용을 좀처럼 이해하기 어려우니까요."

좀 그러면 어떤가요?

"당신의 글은 다 지어낸 이야기잖아요."

무슨 상관인가요? 지어낸 이야기라도 얼마든지 진리를 환하게 비춰 줄 수 있답니다.

"하지만 당신의 글은 명확하지가 않아요."

그래서요?

"그런 글은 연약한 자들을 물에 빠지게 만들어요. 비유는 우리의 눈을 멀게 만드니까요."

물론 신성한 것들을 이야기하는 사람의 글은 명확해야 합니다. 하지만 내가 비유를 사용했다고 해서 내 글에 명료함이 반드시 부족할까요? 하나님의 율법서와 복음서도 모두 상징과 암시, 비유로 쓰이지 않았던가요? 건강한 식견을 가진 사람이라면 성경을 흠잡으려고 하지는 않을 것입니다. 그랬다가는 최고의 지혜를 공격하는 사람이 될 테니까요. 그는 오히려 하나님이 성막의 말뚝과 고리, 송아지와 양, 암소와 숫양, 새와 풀, 그리고 어린양의 피를 통해 무엇을 말씀하시는지를 알아내려고 애쓸 것입니다. 그렇게 말씀의 비유 안에 담긴 빛과 은혜를 발견하는 사람은 복된 자입니다.

그러니 내 이야기가 명확하지 않고 또 무례하다고 성급하게 결론 내리지 않기를 바랍니다. 겉보기에 명확하다고 해서 다 명확한 것은 아니랍니다. 비유라고 해서 모두 경멸하지는 마십시오. 그랬다가는 가장 해로운 것은 덥석 받아들이면서도 영혼에 유익한 것은 놓치고 말 수도 있습니다. 장롱 깊숙이 든 황금처럼 제 글이 이해하기 어려울지라도 그 안에는 진리를 품고 있답니다.

선지자들도 비유를 사용해 진리를 전했습니다. 그리스도와 사도들의 글을 진지하게 살펴본 사람이라면 오늘날까지도 진리는 비유라는 덮개로 싸여 있다는 사실을 잘 알 것입니다. 모든 지혜를 담고 있는 성경도 이해하기 힘든 상징과 비유로 가득하다고 말하는 것이 틀린 말인가요? 하지만 바로 그런 성경에서 빛나는 광채가 흘러나와 칠흑 같은 밤을 대낮같이 밝혀 주지 않나요?

자, 저를 비난하는 사람은 자신의 삶을 한번 들여다보시기 바랍니다. 분명히 제 책에서보다도 더 많은 모호한 구석을 자신의 삶에서 발견하게 될 것입니다. 자신이 가장 훌륭하다고 여기는 것들 속에도 잘못된 점들이 많음을 깨달을 것입니다.

공정한 사람 앞에 함께 선다면, 저를 비난하는 자가 형편없는 한마디를 할 때 저는 열 마디라도 내놓을 자신이 있습니다. 모두가 그의 번지르르한 거짓말보다 제 말에 담긴 진실을 훨씬 더 잘 이해할 것입니다. 진리란 강보를 입고 있다 하더라도 우리의 판단력을 강화하고, 마음을 바로잡으며, 이해를 충족시킵니다. 진리는 우리의 아집을 꺾으며, 우리의 머릿속을 상상만 해도 즐거운 것으로 가득 채워 줍니다. 또한 진리는 우리의 괴로움을 달래 줍니다.

바울은 디모데에게 바른말을 쓰고 망령되고 허탄한 신화를 버리라고 권고했을 뿐, 성경 어디에도 바울이 비유를 금한 구절은 없습니다. 비유 안에는 황금과 진주, 보석과 같이 가치 있고 보배로운 것이 숨어 있기 때문입니다.

한마디만 더 해도 되겠습니까?

하나님의 사람들이여, 제 이야기가 불쾌하신가요? 제가 다른 형식으로 이 글을 썼다면 좋았을 것이라고 생각하시나요? 제 글에 좀 더 명확한 표현을 썼기를 바라시나요?

그렇다면 세 가지 해명을 더 드리고 나서, 저보다 훌륭한 분들의 고견을 듣고 그것이 옳다면 따르도록 하겠습니다.

첫째, 저는 제 글의 형식이 잘못되었다고 생각하지 않습니다. 따라서 저는 글과 내용, 독자들을 결코 함부로 다루지 않았습니다. 또한 상징이나 비유를 사용한 것은 전혀 무례한 일이 아니라고 생각합니다. 글에 이런 형식을 빌리든 저런 형식을 빌리든 중요한 것은 진리를 추구하는 것이 아닌가요? 다시 말하지만, 제 글의 형식은 잘못된 형식이 아닙니다. 따라서 제게 이런 형식으로 독자들에게 제 생각을 표현하고 가장 훌륭한 것을 선포할 자유가 있다고 생각합니다. 게다가 오래전부터 이런 표현과 양식으로 하나님을 기쁘시게 해 드렸던 사람들 역시 많았습니다.

둘째, 고귀한 사람들도 대화체의 글을 사용하지만 누구도 그들의 글을 하찮게 보지 않습니다. 물론 그들이 진리를 능욕하고, 그런 의도로 표현 기법을 사용한다면 저주를 받아 마땅할 것입니다. 하지만 어떤 표현 방식을 사용하든 진리를 밝게 비춰 준다면 하나님은 기뻐하실 것입니다. 하나님을 기쁘시게 하려는 마음만 있다면 그분이 우리의 마음과 펜을 인도해 주실 것입니다. 우리에게 처음 쟁기질을 가르쳐 주신 분보다 우리의 마음과 펜을 더 잘 이끌어 주실 분이 있을까요? 그분은 어떤 비천한 것도 신성하게 사용하실 수 있는 분입니다.

셋째, 성경에서도 무언가로 다른 무엇을 설명하는 형식을 많이 찾아볼 수 있습니다. 따라서 제가 이런 형식을 사용한다고 해서 진리의 찬란한 빛을 막는 것은 전혀 아닙니다. 아니, 이런 형식으로도 얼마든지 진리의 빛을 대낮같이 밝히 드러낼 수 있답니다.

이제 펜을 내려놓기 전에 제 글의 유익한 면을 말씀드리고, 강한 자를 낮추시고 약한 자를 일으켜 세우시는 분의 손에 여러분과 이 책을 맡기고자 합니다.

이 책은 영원한 상급을 좇는 사람을 여러분의 눈앞으로 불러냅니다. 그래서 그가 어디서 와서 어디로 가며 무엇을 행하고 무엇을 행하지 않는지를 낱낱이 보여 줍니다. 또한 그가 영광의 문 앞에 이르는 순간까지 어떻게 달리고 또 달리는지, 그 순례의 여정을 보여 줍니다. 아울러 이 책에는 또 다른 인물들도 등장합니다. 그들은 영원한 면류관을 얻기 위해 있는 힘껏 달려가지만 헛되이 노력하여 어리석은 죽음으로 이어지는 사람들입니다.

이 책은 여러분을 순례의 길로 초대할 것입니다. 이 책의 권고를 잘 따르면 거룩한 땅에 이를 것입니다. 이 책의 조언을 잘 이해한다면 게으른 자는 부지런해지고, 눈이 먼 자는 즐거운 것을 밝히 보게 될 것입니다.

진귀하고 유익한 것을 찾고 있으신가요?

우화 속에 담긴 진리를 보길 원하시나요?

기억력이 좋지 않으신가요? 그래서 한 해의 첫날부터 마지막 날까지 모두 기억하길 원하시나요?

그렇다면 진리에 대한 상상으로 가득한 제 글을 읽어 보십시오. 이 이야기가 당신의 옆에 찰거머리처럼 달라붙어 무기력한 마음에 위로를 줄 것이라고 자신합니다.

이 책은 무관심한 마음이 깨어나도록 대화체로 쓰였습니다.

생소해 보이지만 그 안에 진실하고 정직한 복음의 진리가 담겨 있답니다.

우울한 기분을 떨쳐 버리고 싶으신가요?

건강한 이야기로 즐거움을 얻고 싶으신가요?

수수께끼를 읽고 그 해답을 찾고 싶으신가요?

묵상에 깊이 빠져들고 싶으신가요?

먹고 마시는 걸 좋아하시나요?

아니면, 구름을 타신 그분을 바라보며 그분의 이야기를 듣고 싶
으신가요?

잠들지 않은 채 꿈을 꾸고 싶으신가요?

신나게 웃는 동시에 시원하게 울고 싶으신가요?

깊이 빠져들었다가 거기에 갇히지 않고 무사히 빠져나오고 싶으
신가요?

이해하기 어려워도 지금 여러분이 옳은 길로 가고 있는지 아닌
지를 알려 줄 책을 원하시나요?

그렇다면 어서 와서 마음을 활짝 열고 이 책을 읽어 보시기 바랍
니다.

— 존 번연 *John Bunyan*

Doubting Castle
Where Giant Despair dwelt
A Pit into which Vain Confidence fell
Bye Path Meadow
Here Christian and Hopeful turned out of the way & were made Prisoners by Giant Despair
Folds and Sheepcotes
Pleasant Meadow
The spies meet Christian
VALLEY OF
Here Christian fought Apollyon
HUMILIATION
A Monument
DARK MOUNTAINS
A Pillar
Palace called Beautiful
A Great Wood
Here Christian slew Giant
Stage
Here HILL Christian Slept & dropt his Roll
Arbour
DIFFICULTY
Way called Destruction
A Spring
Way called Danger
Hill Lucre
Silver Mine
Demas
A Plain
Christian & Hopeful
VANITY
Adam the first dwelt here
Here Formality & Hypocrisy tumble over the wall
Deceit
Simple Sloth & Presumption are hang'd
Here Simple Sloth & Presumtion were asleep
Cross
MOUNT CALVARY
Fairspeech
Birthplace of Bye ends
Here Christian lost his Burthen
Sepulchre
COUNTY OF
Gain's House
Vain Glory
The Birthplace of Formality & Hypocrisy
Garden
Field
Lovegain
Here Gripeman the Schoolmaster lived
A Wilder
Interpreters House
COVETING
An Oak
Here two ill favor'd ones meet Christian
Here Old honest was found asleep
Devils Garden
Wicket Gate
Belzebubs Castle
Mr Legality's House
Here Greatheart slew Giant Maul
Mount Sinai
MORALITY
Evangelist meets Christian again
Worldly Wiseman meets Christian
SLOUGH OF DESPOND
Shadow
Pliable turns back
A Plain
Evangelist meets Christian
Carnal Policy
The Residence of Worldly Wiseman
Apostacy
Turnaway dwelt here
CITY OF DESTRUCTION
Valley
Shadow

Gate of the Cœlestial City.
BLACK RIVER OR RIVER OF DEATH
A Pillar
Pleasant Meadow
River of the Water of Life
Lots Wife
Called Ease
overtake Bye ends
FAIR
In Vanity Fair Faithfull was burnt
Here Evangelist overtakes Christian
Temperate lived here
Graceless
Here Greatheart kills Giant Slaygood & rescues Mr Feeblemind
Christian & Faithful see Talkative
Honesty
Here Christian sees Faithful
In this Cave the Giants Pope & Pagan lived
Pits
OF THE
Mouth of Hell or DEATH
LAND OF
BEULAH
Here Mr Standfast was found on his knees Ignorance comes up with Christian again
ENCHANTED GROUND
An Arbour Here Heedless & Too bold lay Asleep
An Arbour Called the Slothfulls Friend
Here Christian & Hopeful are taken in a Net
Here the Flatterer leads Christian & Hopeful out of the way
COUNTRY OF
Christian & Hopeful meet Turnaway
CONCEIT
Christian & Hopeful meet Ignorance
Mt Caution   Mt Marvel
Christian & Hopeful meet Atheist
Breadway Gate
Deadmans Lane
Here little Faith was robbed & here Christian &c. met with Mr Valiant for the Truth
Good Confidence
Here Great Grace dwelt
Sincere
Here Little Faith lived
Mt Clear   Mt Innocence   Mt of Charity
MOUNTAINS

CHAPTER 1

첫발을 떼다,
다 보이지 않아도

아무도 대신 가 줄 수 없는 길

나는 이 세상의 황무지를 걷고 있었다. 그러다 시야에 한 동굴이 들어왔고 피곤한 몸을 이끌고 그곳에 눕자 곧 잠이 들었다. 그곳에서 나는 꿈을 꾸었다. 꿈속에서 자신의 집을 등지고 선 허름한 행색의 한 남자를 보았는데, 그는 손에 책 한 권을 들고 있었고, 등에는 무거운 짐을 짊어지고 있었다. 사 64:6; 눅 14:33; 시 38:4

그는 손에 든 책을 펴서 읽다가 눈물을 흘리기도 하고 괴로운 듯 몸을 떨기도 했다. 그러다 이내 고통스러운 절규를 내뱉었다. "아, 난 이제 어떻게 해야 한단 말인가!"행 2:37

남자는 참담한 마음으로 집에 돌아갔지만 아내와 자녀들에게 자신의 마음을 들키지 않도록 할 수 있는 한 감정을 누르고 또 눌렀다.

하지만 그의 괴로움은 갈수록 더 심해졌고 결국 아내와 자녀들에게 마음을 털어놓지 않을 수 없었다. "사랑하는 여보 그리고 애들아, 매일 나를 짓누르는 이 짐 때문에 더는 견딜 수가 없어. 여기 와서 내 이야기를 들어 봐. 하늘에서 불이 내려와 우리가 사는 이 도시를 완전히 잿더미로 만들 거라는 끔찍한 진실을 듣게 되었어. 우리가 구원받을 수 있는 방법을 찾지 못하면 무시무시한 불에 나와 당신은 물론이고 우리 아이들까지 모두 꼼짝없이 죽을 수밖에 없다고. 하지만 아직 구원의 길을 찾지 못했으니 어쩌면 좋지!"

그의 말을 들은 가족들은 몹시 놀랐다. 그가 한 말을 사실로 믿어서가 아니라, 그의 머리가 이상해졌다고 생각했기 때문이다. 밤이 오자 가족들은 그가 한숨 푹 자고 나면 진정될까 싶어 서둘러 그를 잠자리에 눕혔다. 하지만 남자는 낮이나 밤이나 여전히 고통스러웠다. 결국 그는 잠을 통 이루지 못하고 한숨과 눈물로 밤을 지새웠다.

아침이 밝자 가족들은 그에게 기분이 좀 나아졌냐고 물었지만, 그는 울상을 지으며 더욱 고통스러울 뿐이라고 호소했다. 그는 다시 전날과 똑같은 이야기를 되풀이했다. 이제는 가족들도 그의 말을 귀담아 들으려 하지 않았다. 오히려 충격을 주어서라도 남자의 정신이 돌아오게 만들어야겠다는 생각에 가족들은 그를 비웃거나 그에게 화를 냈으며, 심지어 아예 무시하기도 했다. 어쩔 도리가 없던 남자는 방에 틀어박혀 가족들을 안타깝게 여기며 그들을 위해 기도하거나 그저 홀로 앉아 슬퍼했다. 그러다가 가끔 들판에 나가 책을 읽기도 하고 기도로 마음을 달래면서 며칠을 보냈다.

그날도 남자는 들판에 나가 평소처럼 책을 읽고 있었는데 비통한 마음이 솟구쳐 절규를 쏟아 냈다. "아! 도대체 내가 어떻게 해야 구원을 받을 수 있단 말인가!"행 16:30-31

그는 어디론가 떠날 듯 여기저기 두리번거리다가 결국 어느 곳으로도 발걸음을 옮기지 못한 채 우두커니 서 있었다. 그때였다. 전도자Evangelist라는 사람이 그에게 다가와 물었다. "왜 그렇게 울고 있습니까?"

남자가 대답했다. "선생님, 제 이야기를 좀 들어 주시겠습니까? 저는 이 책을 읽고 제가 죽을 수밖에 없고, 죽고 난 다음에는 심판을 받는다는 사실을 알게 되었습니다. 그런데 저는 죽고 싶지도, 심판을 받고 싶지도 않습니다."히 9:27; 욥 10:21-22; 겔 22:14

그러자 전도자가 다시 말했다. "이 세상이 이미 악으로 가득 차 있는데 죽는 것이 왜 그리 싫습니까?"

"제 등에 있는 이 무거운 짐이 저를 무덤보다 더 깊은 곳으로 끌어내려 지옥까지 떨어뜨릴까 봐 두렵기 때문입니다. 선생님, 저는 감옥도 견딜 수 없는데 어찌 심판과 그에 따른 벌을 견딜 수 있겠습니까? 이런 생각을 하니 자꾸만 눈물이 납니다."사 30:33

"그렇다면 왜 가만히 서 있습니까?"

"어디로 가야 할지 전혀 모르겠습니다."

전도자는 남자에게 양피지 두루마리 하나를 건네주었다. 거기에는 "임박한 진노를 피하라"마 3:7라고 적혀 있었다. 남자는 그 글을 읽고는 간절한 표정으로 전도자를 올려다보며 말했다. "어디로 피해

"저 빛을 따라 똑바로 가면 그 문이 나타날 겁니다.

그 문을 두드리면 누군가가 나와서

당신에게 어디로 가야 할지 알려 줄 겁니다."

야 할까요?"

전도자는 손가락으로 드넓은 벌판을 가리켰다.

"저기 좁은 문^{Wicket gate}이 보이십니까?"^{마 7:13-14}

"안 보입니다."

"그러면 저기 환한 빛은 보이십니까?"^{시 119:105; 벧후 1:19}

"네, 보이는 것 같습니다."

"저 빛을 따라 똑바로 가면 그 문이 나타날 겁니다. 그 문을 두드리면 누군가가 나와서 당신에게 어디로 가야 할지 알려 줄 겁니다."

나는 꿈에서 남자가 뛰어가는 모습을 보았다. 그런데 얼마 가지 않아 아내와 자녀들이 그를 향해 어서 돌아오라고 소리를 지르기 시작했다. 하지만 그는 손으로 귀를 틀어막고 계속해서 달리면서 소리쳤다. "생명! 생명! 영원한 생명!" 그는 뒤도 돌아보지 않고 이를 악물고 평야 한복판을 향해 내달렸다.^{눅 14:26; 창 19:17}

그 사이에 이웃들이 하나둘 밖으로 나와 남자가 뛰어가는 모습을 지켜보았다.^{렘 20:10} 어떤 이들은 그를 조롱하고 어떤 이들은 위험하다고 경고했다. 그런가 하면 돌아오라고 소리치는 이들도 있었다. 그들 가운데 두 사람이 남자를 억지로라도 끌고 오기로 마음을 먹었다. 한 사람의 이름은 고집^{Obstinate}이었고 다른 사람의 이름은 변덕^{Pliable}이었다.

그즈음, 그는 꽤 멀리까지 가 있었지만 뒤쫓아 오는 두 사람이 마음을 먹고 추격하자 이내 그를 따라잡았다. 그가 자신을 쫓아온 두 사람을 보고 말했다. "아니, 왜 따라오는 거지요?"

"생명! 생명! 영원한 생명!"
그는 뒤도 돌아보지 않고
이를 악물고 평야 한복판을 향해 내달렸다.

"당신을 설득해서 다시 집으로 데려가려고 그럽니다."

"그럴 수는 없어요. 당신들이 사는 곳은 내 고향이긴 하지만 안타깝게도 멸망의 도시City of Destruction이기 때문이에요. 계속해서 그곳에 있다간 모두 죽고 말 거예요. 그런 뒤에는 무덤보다도 더 깊은 곳으로 떨어질 겁니다. 불과 유황이 타오르는 곳으로 말이에요. 그러니 이웃들이여, 나와 함께 갑시다."

고집 　 뭐라고요? 고향에 있는 친구들과 편안한 삶을 버리고 당신을 따라가라고요?

크리스천 　 (남자의 이름은 크리스천Christian이었다.) 그래요. 그런 것은 내가 누리려는 것에 비하면 아무것도 아니거든요.고후 4:18 나를 따라가면 당신들도 그것을 누릴 수 있어요. 내가 가려는 곳에는 모든 것이 차고 넘치기 때문이에요.눅 15:17 자, 나와 함께 갑시다. 가 보면 내 말이 진실임을 알게 될 겁니다.

고집 　 도대체 뭘 찾으려고 가족까지 다 버리고 가는 거요?

크리스천 　 썩지도, 더러워지지도, 쇠하지도 않는 유업을 찾으려는 겁니다. 그 유업은 천성Celestial City에 안전히 보관되어 있답니다.벧전 1:4; 히 11:16 부지런히 찾는 사람은 때가 되면 그것을 받게 되지요. 내 책에 분명 그렇게 쓰여 있어요. 자, 한번 읽어 보시겠어요?

고집 　 쳇, 그따위 책은 저리 치워요. 그래서 우리랑 돌아갈 거요, 안 돌아갈 거요?

크리스천 　미안하지만 이미 손에 쟁기를 들었으니 돌아갈 수는 없어
요. 눅 9:62

고집 　그럼 맘대로 하시든지. 이봐요, 변덕 씨. 그냥 우리끼리
돌아갑시다. 어딜 가나 아무리 옳은 말을 해도 자기가 더
똑똑한 줄로 착각하는 정신 나간 바보가 있는 법이지요.

변덕 　고집 씨, 함부로 말하지는 맙시다. 이 착한 양반의 말이 사
실이라면 이분이 찾는 것이 우리가 가진 것보다 낫긴 하
지 않습니까? 아무래도 저는 이분과 같이 가고 싶은 마음
이 드네요.

고집 　뭐라고요? 여기 바보가 한 명 더 있군! 정신 차리고 내 말
을 들어요. 함께 돌아갑시다. 저 정신병자가 당신을 어디
로 데려갈지 알고나 따라가려는 거요? 어서 돌아갑시다.
제발 정신 좀 차려요.

크리스천 　고집 씨, 그러지 말고 변덕 씨와 함께 나를 따라오세요.
내가 말한 것은 정말로 있답니다. 그것 말고도 영광스러
운 것이 훨씬 더 많고요. 제 말을 못 믿겠다면 여기 이 책
을 읽어 보세요. 이 책의 내용은 틀림없는 사실입니다. 이
책을 지으신 분의 피가 그것을 증명해 주고 있답니다. 히
9:17-21; 13:20-21

변덕 　이봐요, 고집 씨. 아무래도 나는 이 착한 양반을 따라가야
겠습니다. 이분께 내 운을 걸겠어요. 그런데 착한 양반,
한 가지 궁금한 게 있어요. 길은 정확히 알고 가려는 거겠

지요?

크리스천 ⌐ 네, 전도자라는 분이 저 앞에 있는 좁은 문까지 가면 누군
가가 나와 앞으로 가야 할 길을 알려 줄 거라고 했습니다.

변덕 ⌐ 좋습니다. 함께 갑시다.

그리하여 두 사람은 함께 길을 떠났다. "나는 집으로 돌아가야겠
군. 저런 정신 나간 사람들을 따라갈 수는 없지." 결국 고집은 집으
로 돌아갔고, 크리스천과 변덕은 이야기를 나누며 들판을 걷기 시작
했다.

크리스천 ⌐ 변덕 씨, 만나서 반갑습니다. 이렇게 함께 가게 되어 정말
기쁩니다. 고집 씨가 저처럼 앞으로 닥칠 심판에 대한 두
려움을 느꼈다면 그렇게 쉽게 가 버리지는 않았을 텐데
안타깝네요.

변덕 ⌐ 크리스천 씨, 이제 우리 둘뿐이니 좀 더 자세히 이야기해
주시지요. 당신이 말한 유업은 무엇이며, 어떻게 해야 그
것을 누릴 수 있는 건가요? 그리고 우리가 어디로 가는 건
지 찬찬히 말해 보세요.

크리스천 ⌐ 사실, 머리로는 확실히 알겠는데 말로는 표현하기가 좀
힘듭니다. 그래도 워낙 궁금해하시니 내 책에 있는 내용
을 읽어 드리지요.

변덕 ⌐ 이 책의 내용은 모두 진실인가요?

크리스천 ㅡ 물론입니다. 절대 거짓말을 할 줄 모르시는 분이 쓰신 책
        이거든요. 딛 1:2

변덕 ㅡ 그렇군요. 그 책에 뭐라고 쓰여 있나요?

크리스천 ㅡ 우리가 물려받을 영원한 나라가 있다고 말하는군요. 그
        나라에서 우리는 영원한 생명을 얻어 영원히 살게 될 거
        라고 합니다. 사 45:17; 요 10:27-29

변덕 ㅡ 그래요? 귀가 번쩍 뜨이는 소식이네요. 또 어떤 내용이 쓰
        여 있나요?

크리스천 ㅡ 그곳에는 우리가 쓸 영광의 면류관도 있고, 우리를 하늘
        의 해처럼 빛나게 해 줄 옷도 있답니다. 딤후 4:8; 계 3:4; 마 13:43

변덕 ㅡ 그거 참 멋진 이야기로군요. 어서 계속해 보세요.

크리스천 ㅡ 그곳에서는 더 이상 눈물도 슬픔도 없을 거랍니다. 그 나
        라의 주인께서 우리의 눈에서 모든 눈물을 거두어 가 주
        시기 때문이지요. 사 25:8; 계 7:16-17; 21:4

변덕 ㅡ 그곳에서 우리는 누구와 살게 되나요?

크리스천 ㅡ 천사들과 함께 살게 될 거예요. 그들은 눈이 부셔서 바라
        보기도 어려운 존재들이지요. 사 6:2 그곳에 먼저 도착한 수
        많은 사람도 만나게 될 거랍니다. 하나같이 사랑이 충만
        하고 거룩한 사람들이지요. 모두가 하나님과 영원히 함께
        살게 될 거예요. 살전 4:16-17; 계 5:11 그 가운데 금 면류관을 쓴
        장로들이 있을 거예요. 금 거문고를 타는 이들도 있을 거
        고요. 계 4:4; 14:1-5 세상이 갈가리 찢고 불에 태우고 짐승의

먹이로 주고 바다에 수장시킨 사람들도 만나게 될 거예요. 그들은 하나님을 향한 사랑을 끝까지 지켜 그곳에 이른 사람들이지요. 그들 모두 불멸의 옷을 입고 죽지 않고 영원히 살아 있는 모습을 보게 될 거예요. _{요 12:25; 고후 5:2-3}

변덕 — 말로 듣기만 해도 감격스럽군요. 그렇다면 당신이 이야기한 것을 우리가 어떻게 해야 누릴 수 있나요? 어떻게 해야 우리도 그들처럼 살 수 있지요?

크리스천 — 그것도 그 나라의 통치자인 하나님께서 이 책에 정확히 기록해 놓으셨지요. 하나님은 누구나 진심으로 원하기만 하면 그 나라를 거저 받을 수 있다고 말씀하신답니다. _{사 55:1-2; 요 6:37; 7:37}

변덕 — 선한 친구여, 듣고 보니 어서 빨리 그곳에 가고 싶군요. 자, 발걸음을 서두릅시다.

크리스천 — 그럽시다. 하지만 나는 내 등에 있는 이 짐 때문에 좀처럼 빨리 걸을 수가 없군요.

꿈에서 나는 이야기를 마친 두 사람이 들판 한가운데에 있는 몹시 질척거리는 진흙 늪에 가까이 이른 것을 보았다. 그런데 두 사람 모두 부주의하게 걷다가 그만 그 늪에 빠져 버리고 말았다. 그곳의 이름은 절망의 늪_{Slough of Despond}이었다. 두 사람은 절망의 늪을 빠져나가려고 온몸이 진흙투성이가 되도록 필사적으로 허우적거렸다. 하지만 크리스천은 등에 진 무거운 짐 때문에 점점 더 깊이 빠져들었다.

변덕　／　이보시오, 크리스천 씨, 이게 도대체 무슨 일이지요?

크리스천　／　아이고, 나도 잘 모르겠어요.

변덕　／　에잇, 이게 당신이 내내 이야기한 행복인가요? 시작부터 이렇게 힘들면 앞으로 고생길이 훤하군. 만약 내가 여기서 살아서 나간다면 당장 집으로 돌아가겠어요. 그 잘난 나라는 당신 혼자서나 가시지요!

　　그렇게 말한 변덕은 한참을 버둥거리다 가까스로 늪을 빠져나올 수 있었다. 그는 자기 집 쪽의 늪 가장자리로 겨우 올라와 뒤도 돌아보지 않고 가 버렸고, 그 뒤로 크리스천은 다시는 그를 볼 수 없었다.

　　크리스천은 절망의 늪에서 혼자 허우적거렸다. 그러다 필사적인 몸부림 끝에 마침내 그도 자기 집 반대편, 곧 좁은 문 쪽으로 이어진 늪 가장자리까지 이를 수 있었다. 그런데 등에 진 짐 때문에 늪 위로 올라갈 수가 없었다. 그때 내가 꿈에서 보니 도움Help이라는 이름의 한 사람이 크리스천에게로 다가와 무슨 일인지 물었다.

크리스천　／　선생님, 전도자라는 분이 이 길을 따라 저기 있는 문으로 가면 진노를 피할 수 있다고 해서 가는 길이었습니다. 그런데 그만 실수로 늪에 빠지고 말았습니다.

도움　／　왜 디딤돌을 찾아보지 않았습니까?

크리스천　／　두려운 나머지 허둥대다가 찾을 생각도 하지 못했습니다.

도움　／　자, 이리로 손을 내미세요.

"죄인이 자신의 타락한 상태를 깨닫는 순간,
그의 영혼에서는 온갖 두려움과 의심,
걱정이 솟아납니다.
그 모든 것이 이곳으로 모여들지요."

도움이 크리스천의 손을 붙들어 단단한 땅 위로 끌어올린 뒤 가던 길을 계속 갈 수 있게 해 주었다. 시 40:2

그때 나는 크리스천을 끌어내 준 도움에게 다가가 말을 건넸다. "선생님, 이 늪은 멸망의 도시를 떠나 좁은 문까지 가려면 반드시 거쳐야 하는 길인데, 왜 진작에 이 늪을 없애지 않았습니까?"

그러자 그가 내게 설명했다. "이 늪은 없앨 수가 없습니다. 죄를 깨달을 때 생기는 온갖 찌꺼기와 오물이 여기로 흘러내려 오거든요. 그래서 절망의 늪이라고 부르는 겁니다. 죄인이 자신의 타락한 상태를 깨닫는 순간, 그의 영혼에서는 온갖 두려움과 의심, 걱정이 솟아납니다. 그 모든 것이 이곳으로 모여들지요. 이곳이 이 모양인 건 다 그 때문입니다.

물론 왕이신 하나님께서는 이곳을 이렇게 놓아두기를 원치 않으십니다. 그래서 하나님의 측량사들이 일꾼들을 시켜 1,600년이 넘도록 이 늪을 메우려고 애를 써 왔습니다. 제가 알기로 계절을 가리지 않고 온 나라에서 들여온 수많은 가르침을 이 늪에 쏟아부은 것이 최소한 2만 수레는 넘을 겁니다. 가르침이야말로 좋은 땅을 만들기 위한 최고의 자재거든요. 그렇게 늪을 없애려고 갖은 수를 써 봤지만 절망의 늪은 여전히 사라지지 않았습니다. 앞으로도 어떤 노력을 한다 해도 소용이 없을 겁니다.

사실, 하나님의 지시로 이 늪 한가운데를 통과하는 튼튼한 디딤돌을 놓기는 했습니다. 하지만 계절이 바뀔 때마다 오물이 너무 많이 내려와 디딤돌이 거의 보이지가 않습니다. 혹 보인다 해도 일단 절망의 늪에 들어오면 머리가 아찔해져서 발을 헛디뎌 빠지기 십상이지요. 하지만 일단 좁은 문 쪽으로 올라서기만 하면 단단한 땅을 만날 수 있답니다."삼상 12:21-22

내가 꿈에서 보니 어느새 변덕은 집에 도착해 있었다. 이웃들이 그를 찾아왔는데, 돌아온 게 잘한 일이라고 위로하는 이들이 있는가 하면, 어리석게 크리스천을 따라가 위험을 자초했다고 혀를 차는 이들도 있었다. 또 어떤 이들은 그를 비겁하다고 욕하기도 했다. "이왕 시작한 모험을 겨우 그만한 어려움에 포기하다니 정말 한심하군." 그 말에 변덕은 고개를 푹 숙인 채 잠자코 앉아 있을 뿐이었다. 변덕을 공격하는 것이 재미가 없어지자 사람들은 표적을 바꿔, 크리스천을 욕하기 시작했다.

한편, 홀로 들판을 걷던 크리스천은 저 너머에서 자신 쪽으로 걸어오는 한 신사를 발견했다. 이내 두 사람은 서로 마주쳤는데, 신사의 이름은 세속 현자Worldly Wiseman였다. 세속 현자는 세상 수단Carnal Policy이라는 아주 큰 마을에 살았는데, 크리스천이 살던 곳에서 아주 가까웠다. 크리스천에 관해 어느 정도 알고 있던 그는(크리스천이 멸망의 도시를 떠났다는 소식이 그 도시를 넘어 다른 마을들에서도 꽤 화제가 되기 시작했다) 눈앞의 사람이 연신 한숨과 신음을 내뱉으며 부지런히 걸어오는 모습을 보고서 크리스천일 거라고 짐작했다. 세속 현자가 크리스천에게 말을 걸었다.

세속 현자 ─ 이보시오, 그렇게 무거운 짐을 지고 어딜 그리 바삐 가

"이 무거운 짐을 벗는 것이야말로
제가 간절히 바라는 일이지요.
하지만 저 혼자서는
도저히 벗을 수가 없습니다."

시오?

크리스천 ─ 정말 무겁기는 합니다. 이런 짐을 등에 지고 가니 세상에 저처럼 불쌍한 사람도 없을 겁니다! 어디로 가냐고 물으셨지요? 선생님, 저는 지금 저기 좁은 문으로 가고 있습니다. 그곳에 가면 이 무거운 짐을 벗을 방법을 알 수 있다고 들었거든요.

세속 현자 ─ 혹시 아내와 자식들은 있소?

크리스천 ─ 네, 있습니다. 하지만 이 짐을 등에 지고 있으니 가족이 있어도 예전처럼 행복하게 지낼 수 없더군요. 그러니 이젠 가족이 없는 거나 다름없습니다. ^{고전 7:29}

세속 현자 ─ 내가 조언을 하나 할 테니 들어보겠소?

크리스천 ─ 좋은 조언이라면 당연히 듣겠습니다. 그렇지 않아도 제게 그런 도움이 필요하던 참이었습니다.

세속 현자 ─ 자, 그럼 잘 들어보시오. 먼저, 그 짐을 최대한 빨리 벗어 던져야 하오. 그러기 전까지는 마음이 안정될 수 없고, 하나님이 주신 복을 제대로 누릴 수도 없기 때문이오.

크리스천 ─ 이 무거운 짐을 벗는 것이야말로 제가 간절히 바라는 일이지요. 하지만 저 혼자서는 도저히 벗을 수가 없습니다. 제가 살던 곳에서도 이 짐을 벗겨 줄 사람이 없었고요. 그래서 말씀드렸다시피 이 짐을 벗기 위해서 이 길로 가는 중입니다.

세속 현자 ─ 이 길로 가면 그 짐을 벗을 수 있다고 누가 그랬소?

크리스천 ― 정말 위대하고 훌륭한 분 같았습니다. 그분의 이름은 전도자였고요.

세속 현자 ― 아, 정말 나쁜 사람이구려! 그자가 알려 준 길보다 더 위험하고 고된 길은 세상에 없소. 이대로 가면 고생깨나 할 거요. 절망의 늪의 진흙이 묻은 걸 보니 이미 한번 죽을 고비를 넘은 것 같구려. 하지만 그 늪은 이 모진 고생길의 시작일 뿐이오. 나이를 한 살이라도 더 먹은 사람이 하는 이야기이니 귀담아들으시오. 이 길로 가면 피곤과 고통, 굶주림, 위험, 벌거벗음, 칼, 사자, 용, 어둠을 만나게 될 거요. 한마디로, 당신이 죽는다는 말이오. 나의 말은 많은 사람의 증언을 근거로 하고 있소. 이런데도 생판 모르는 사람의 말만 믿고 경솔하게 위험한 길로 가겠소?

크리스천 ― 선생님, 하지만 제 등의 짐이 말씀하신 것들보다도 훨씬 더 끔찍해서 말입니다. 솔직히 이 짐만 벗을 수 있다면 어떤 고난도 감수할 수 있을 것 같습니다.

세속 현자 ― 도대체 어떻게 해서 그 짐을 지게 되었소?

크리스천 ― 제 손에 있는 이 책을 읽고 난 뒤부터 이렇게 되었습니다.

세속 현자 ― 내 그럴 줄 알았소. 연약한 자들이 흔히 겪는 일이지. 감당할 수 없는 것을 건드리다가 당신처럼 몸과 마음이 혼란스러워지는 거라오. 그렇게 정신이 나가면 자기가 뭘 하려는지도 모르고, 무모한 모험에 앞뒤 안 가리고 뛰어드는 것이오.

크리스천 　 그렇지 않습니다. 저는 제가 무엇을 원하는지 정확히 압니다. 제가 원하는 건 이 무거운 짐에서 해방되는 겁니다.

세속 현자 　 그렇다면 왜 굳이 위험천만한 방법을 쓰려 하시오? 내 말대로 하면 그런 위험 따위는 감수할 필요 없이 당신이 원하는 것을 간단하게 얻을 수 있소. 방법은 가까이에 있소. 이 방법대로 하면 위험한 상황을 피하면서도 안전과 만족스러운 관계, 즐거움을 얻게 될 것이오.

크리스천 　 그렇습니까? 선생님, 제발 그 방법을 알려 주십시오.

세속 현자 　 자, 저기 보이는 마을로 가 보시오. 도덕Morality이라는 마을인데, 그곳에 가면 현명하고 평판이 높은 율법주의Legality라는 선생이 살고 있소. 당신과 같이 무거운 짐을 등에 지고 다니는 사람에게 도움을 주는 분이라오. 그분은 당장이라도 당신의 등에서 무거운 짐을 벗겨 낼 수 있으시오. 실제로 지금까지 많은 사람에게 큰 도움을 주었소. 게다가 이런 짐을 지고 다니다가 정신이 반쯤 나간 사람을 치료하는 기술까지 갖춘 분이라오. 그러니 어서 가서 도움을 받도록 하시오. 그분의 집은 여기서 1킬로미터 정도만 더 가면 되오.

혹시 그분이 집에 계시지 않으면 그분께 예의Civility라고 하는 꽤 젊은 아드님이 있소. 아드님도 아버지 못지않은 실력을 자랑하고 있으니 너끈히 당신의 짐을 벗겨 줄 거요. 참, 고향으로 돌아가고 싶지 않다면 아내와 자식들을 그 마을로 데려와도 좋을 거요. 아니, 꼭 그러기를 권하오. 그 마을엔 빈 집이 많아 싼값에 살 수 있소. 또한 그곳에서 사고파는 물건들도 싸고 좋을 뿐 아니라 마을 사람들까지 예의 바르고 정직해서 고향에서보다 더 행복하게 살 수 있을 것이오.

크리스천은 잠시 서서 생각하다가 이내 이 신사의 말이 옳다면 그 말대로 하는 것이 가장 현명하다고 결론을 내렸다.

크리스천 ／ 선생님, 율법주의라는 선생의 집은 어느 쪽입니까?
세속 현자 ／ 저기 높은 산이 보이오?
크리스천 ／ 네, 아주 잘 보입니다.
세속 현자 ／ 저 산을 넘어가 보이는 첫 번째 집이 그분의 집이오.

그리하여 크리스천은 처음 생각했던 길에서 벗어나 율법주의의 도움을 받기 위해 그 집으로 향했다. 그런데 가까이 가서 보니 산이 무척 높을 뿐 아니라, 길 위로 보이는 가파른 절벽이 당장이라도 머리 위로 무너져 내릴 것만 같았다. 결국 크리스천은 두려움에 어찌할 바를 모른 채 서 있었다. 게다가 등 뒤의 짐이 본래의 길을 갈 때보다 더 무겁게 느껴졌다. 설상가상으로 산에서는 불길마저 치솟고 있었다.^{출 19:18} 크리스천은 자신도 그 불길에 타버릴까 봐 불안에 떨며 식은땀을 흘렸다.^{히 12:21} 세속 현자의 말을 따른 것이 점점 후회되기 시작했다.

그때 저 앞에서 전도자가 걸어오는 것이 보였다. 그 순간, 크리스천은 부끄러움에 얼굴이 화끈거렸다. 가까이 다가온 전도자는 무서운 표정으로 크리스천을 바라보며 질책하기 시작했다. "크리스천 형제, 여기서 뭘 하고 있습니까?" 그 말에 크리스천은 뭐라 답할지 몰라 꿀 먹은 벙어리가 되고 말았다.

전도자 ˊ 당신은 전에 멸망의 도시 성문 밖에서 울고 있던 사람이
아닙니까?

크리스천 ˊ 네, 전도자 님. 제가 그 사람이 맞습니다.

전도자 ˊ 제가 좁은 문으로 가라고 하지 않았던가요?

크리스천 ˊ 네, 그러셨지요.

전도자 ˊ 그런데 왜 그렇게 쉬이 곁길로 빠져 이곳에 있습니까?

크리스천 ˊ 절망의 늪을 벗어나자마자 한 사람을 만났는데, 저 앞에
있는 마을에 가면 제 짐을 벗겨 줄 선생을 찾을 수 있을
거라고 말해 주었습니다.

전도자 ˊ 어떤 사람을 만났는지 말해 보십시오.

크리스천 ˊ 제 눈에는 언뜻 신사처럼 보였는데, 그가 하는 말을 듣다
보니 저도 모르게 현혹되고 말았습니다. 그래서 이 길로
오게 되었지요. 하지만 눈앞에 있는 산을 보니 두려워 걸
음을 멈추게 되었습니다. 절벽에 솟은 바위가 금방이라도
제 머리 위로 떨어질까 봐 무서웠습니다.

전도자 ╱ 그 신사가 뭐라고 하던가요?

크리스천 ╱ 저더러 어디로 가냐고 묻더군요. 그래서 목적지를 말해 주었습니다. 또 가족이 있냐고 묻기에 그렇다고 말했습니다. 하지만 가족이 있어도 등에 진 짐이 무거워서 전처럼 행복하지 않다고 말했고요.

전도자 ╱ 그랬더니 뭐라고 하던가요?

크리스천 ╱ 빨리 제 짐을 벗어 버리라고 하더군요. 저도 그러고 싶어서 해방될 수 있는 방법을 찾기 위해 좁은 문으로 가는 중이라고 말했습니다. 그랬더니 전도자 님이 알려 주신 길은 위험천만할 뿐이며 더 안전하고 빠른 길이 있다고 하더군요. 그러면서 이 짐을 벗겨 내는 기술을 가진 선생의 집을 알려 주었습니다. 저는 그 말을 곧이곧대로 믿고 말았지요. 제 머릿속에는 어서 이 무거운 짐을 벗어 버리고 싶다는 생각뿐이었습니다. 하지만 그가 알려 준 길로 와 보니 너무 위험하고 두려워 한 발짝도 움직일 수가 없었습니다. 아, 저는 이제 어떻게 해야 할지 모르겠습니다.

전도자 ╱ 잠시 그대로 서 계십시오. 내가 하나님의 말씀을 보여 드리겠습니다.

크리스천이 떨며 서 있자 전도자가 하나님의 말씀을 들려주었다. "너희는 삼가 말씀하신 이를 거역하지 말라. 땅에서 경고하신 이를 거역한 그들이 피하지 못하였거든 하물며 하늘로부터 경고하신 이를 배반하는 우리일까 보냐?'히 12:25 '나의 의인은 믿음으로 말미암아 살리라. 또한 뒤로 물러가면 내 마음이 그를 기뻐하지 아니하리라 하셨느니라.'히 10:38 지금 당신은 이런 비극을 향해 달려가고 있습니다. 당신은 지극히 높으신 분의 권고를 무시한 채 평안한 길에서 벗어나 멸망의 길로 가고 있습니다."

그 말에 크리스천은 땅바닥에 바짝 엎드려 울부짖었다. "아, 어쩌면 좋은가! 나는 이제 망하였구나!" 그 모습을 본 전도자는 크리스천의 오른손을 잡고 말했다. "사람의 모든 죄와 모독은 사하심을 얻을 수 있습니다.마 12:31; 막 3:28 믿음 없는 자가 되지 말고 믿는 자가 되십시오.요 20:27"

이 말에 크리스천은 다소 기운을 차리고 일어났지만 여전히 전도자 앞에서 떨고 있었다. 그러자 전도자가 계속해서 말했다.

전도자 ╱ 이제부터 제가 하는 말을 잘 들으시기 바랍니다. 당신을 현혹시킨 자와 그가 찾아가라고 한 사람의 정체를 알려드리지요. 당신이 만난 사람은 '세속 현자'라고 하는데, 그 이름이 딱 어울리는 사람입니다. 일단, 그는 이 세상의 지혜만을 생각하기 때문입니다.요일 4:5 이것이 그가 '도덕'이란 마을의 교회만 나가는 이유입니다. 또한 그는 이 세상의 교리를 가장 좋아합니다. 그 교리를 따르면 십자가를 지지 않아도 되기 때문입니다.갈 6:12 그의 세속적인 기질도 그가 세속 현자라 불리는 이유 가운데 하나입니다. 그

기질로 인해 그는 어떻게든 사람들이 옳은 길에서 벗어나도록 현혹하지요.

자, 이 세속 현자의 조언을 지독히 미워해야 할 이유 세 가지를 알려 드리겠습니다. 그는 당신을 옳은 길에서 벗어나게 했고, 당신이 십자가를 미워하도록 유도했으며, 당신을 사망의 권세로 이끌었습니다. 좀 더 자세히 이야기해 보지요.

첫째, 당신을 옳은 길에서 벗어나게 유혹한 그를 미워해야 합니다. 그리고 그 유혹에 넘어간 당신 자신도 질책해야 하고요. 당신은 하나님의 가르침을 거부하고 그의 조언을 받아들였으니까 말입니다. 하나님은 "좁은 문으로 들어가기를 힘쓰라"라고 말씀하셨습니다.^{눅 13:24} 내가 당신에게 일러 준 문이 바로 이 문이지요. 하나님은 "생명으로 인도하는 문은 좁고 길이 협착하여 찾는 자가 적음이라"라고 말씀하셨습니다.^{마 7:13-14} 그런데 이 악한 자가 당신을 좁은 문으로 가는 길에서 끌어내어 멸망의 길로 안내한 것입니다. 그러니 당신을 옳은 길에서 벗어나게 유혹한 그를 미워하고, 그의 말에 귀를 기울인 당신 자신도 질책하십시오.

둘째, 당신이 십자가를 미워하게 만든 그를 혐오해야 합니다. 왜냐하면 우리는 십자가를 애굽의 모든 보화보다도 소중히 여겨야 하기 때문입니다.^{히 11:25-26} 또한 영광의 왕께서는 "누구든지 자기 목숨을 구원하고자 하면 잃을 것이요"막 8:35; 요 12:25 그리고 "무릇 내게 오는 자가 자기 부모와 처자와 형제와 자매와 더욱이 자기 목숨까지 미워하지 아니하면 능히 내 제자가 되지 못하고"눅 14:26 라고 말씀하셨습니다. 진리는 십자가 없이는 영생을 얻을 수 없다고 말하는데, 그 십자가가 당신을 죽게 만든다고 가르치는 자가 있다면 미워해야 마땅합니다.

셋째, 당신을 사망의 권세로 이끈 그를 미워해야 합니다. 아울러 그가 당신에게 찾아가 보라고 말한 자가 누구며, 그가 이 짐을 전혀 벗겨 줄 수 없다는 점을 제대로 알아야 합니다.

세속 현자가 당신에게 짐을 벗기 위해 찾아가 보라고 말한 사람은 '율법주의'라는 이름을 가진 자로, 자기 자식들과 더불어 종노릇하는 여종의 아들입니다. 그리고 신기한 이야기지만 이 여종이 바로 당신이 머리 위로 떨어질까 봐 두려워했던 그 시내산Mount Sinai입니다. 그러니 그들이 어찌 당신을 자유롭게 해 줄 수 있겠습니까?

율법주의는 당신의 짐을 벗겨 줄 수 없습니다. 율법주의로 짐을 벗은 사람은 지금까지 없었고 앞으로도 영원히 없을 겁니다. 율법을 지키는 행위로는 아무도 의로워질 수 없기 때문입니다. 따라서 '세속 현자'는 거짓말쟁이요, '율법주의'는 사기꾼이며, 그의 아들 '예의'는 겉모습은 사람 좋게 웃고 있지만 당신을 도울 수 없는 위선자일 뿐입니다. 이 어리석은 자들의 허튼소리는 당신이 내가 일러 준 길에서 벗어나 구원에서 멀어지도록 현혹시키는 말에 불과합니다.

여기까지 말한 전도자는 자신의 말이 진실임을 증명해 달라고 하늘을 향해 큰 소리로 외쳤다. 그러자 가엾은 크리스천이 딛고 서 있던 산에서 말씀이 선포되고 불길이 치솟았다. 그 놀라운 광경에 크리스천은 온몸에 전율을 느꼈다. 선포된 말씀은 이것이었다. "무릇 율법 행위에 속한 자들은 저주 아래에 있나니 기록된 바 누구든지 율법 책에 기록된 대로 모든 일을 항상 행하지 아니하는 자는 저주 아래에 있는 자라 하였음이라."갈 3:10

크리스천은 이제 죽을 수밖에 없다는 생각에 절규했다. 그는 세속 현자를 만난 일을 저주하며 그의 말에 넘어간 자신이 어리석은 자 가운데 어리석은 자라고 수없이 자책했다. 그는 철저히 육신에서 비롯한 세속 현자의 말에 넘어가 옳은 길에서 벗어난 것에 깊은 수치심을 느꼈다. 그렇게 한참을 고통스러워하던 그는 다시 전도자를 바라보며 말했다.

 전도자 님, 이런 제게 희망이 남아 있을까요? 지금이라도 원래 길로 다시 돌아가 좁은 문으로 가면 안 되겠습니까? 그게 아니라면 이 일로 결국 저는 버림을 받고 부끄러운 모습으로 집으로 돌아가야 하는 것일까요? 세속 현자의 조언을 들은 것은 큰 잘못이지만, 이러한 저의 죄를 부디 용서해 주십시오.

전도자 ― 당신의 죄는 매우 큽니다. 이 일로 당신은 두 가지 죄를 지었습니다. 옳은 길을 버린 것이 첫 번째 죄요, 금지된 길로 간 것이 두 번째 죄입니다. 하지만 좁은 문에 있는 사람은 친절한 분이므로 당신을 받아 주실 것입니다. 하나님의 진노로 망하지 않도록 다시는 곁길로 빠지지 마십시오. 시 2:12

좁은 문으로
들어가다

은혜와 은혜 아닌 것

크리스천은 옳은 길로 돌아가기로 마음먹었다. 전도자는 미소를 지으며 크리스천에게 입 맞추고 길을 떠나도록 격려해 주었다. 크리스천은 다시 시작된 길 위에서 아무에게도 말을 하지 않았고, 누가 무슨 말을 걸어도 침묵을 지키며 걸음을 재촉했다. 그는 금지된 지역을 벗어나는 내내 그렇게 할 수밖에 없었다. 세속 현자의 꾐에 빠져 떠난 본래의 길에 다시 들어설 때까지는 안심할 수가 없었기 때문이었다.

마침내 그는 좁은 문 앞에 도착했다. 문에는 이런 글이 쓰여 있었다. "문을 두드리라. 그리하면 너희에게 열릴 것이니."마 7:7

크리스천은 여러 번 문을 두드리며 말했다. "들어가도 될까요? 저는 비록 죄를 지어 이 문 안에 들어갈 자격이 없지만, 그럼에도 불구하고 가엾은 저에게 기회를 주시겠습니까? 저를 받아 주신다면 높이 계신 하나님을 영원토록 찬양하겠습니다!"

마침내 선의라고 하는 근엄한 얼굴의 남자가 나와 크리스천에게 어디서 온 누구며, 무슨 일로 이곳에 왔는지 물었다.

크리스천 ╱ 저는 무거운 짐을 진 불쌍한 죄인입니다. 멸망의 도시에
서 살았는데 다가올 진노를 피하고자 시온산^{Mount Zion}으로
가는 중입니다. 선생님, 그곳으로 가려면 이 좁은 문을 지
나야 한다고 들었는데, 들어가도 되겠습니까?
선의 ╱ 되다마다요. 자, 어서 들어오십시오.

선의가 그렇게 말하며 문을 열어 주었다. 그리하여 크리스천이
문 안으로 들어서는데 선의가 갑자기 그를 끌어당겼다. 놀란 크리스
천이 말했다. "왜 그러십니까?"

그러자 선의가 말했다. "이 문에서 그리 멀지 않은 곳에 강한 성
하나가 있습니다. 그 성의 주인은 바알세불이라고 하지요. 그 성에
서 바알세불과 부하들이 이 문으로 들어오는 사람들을 죽이려고 화
살을 쏜답니다."

크리스천은 소스라치게 놀라며 말했다. "다행히 화살을 피하긴
했지만 간담이 서늘하군요."

크리스천이 문 안에 들어오자 선의는 누가 그를 이곳으로 보냈
는지 물었다.

크리스천 ╱ 전도자라는 분이 제게 이곳을 찾아가라고 말씀하시더군
요. 그러면 선생님이 제가 앞으로 가야 할 길에 대해 알려
주실 거라고 했습니다.
선의 ╱ 자, 이렇게 문이 열렸습니다. 이제 이 문을 닫을 자는 아무

도 없지요.

크리스천   이제야 고생한 보람이 나타나기 시작하는군요.

선의   그나저나 이곳까지 어떻게 혼자만 오셨습니까?

크리스천   제가 살던 멸망의 도시 사람들은 아무도 자신이 얼마나 위험한 상황에 처해 있는 줄 모르더군요.

선의   당신이 멸망의 도시를 떠나는 것을 본 사람이 있었습니까?

크리스천   네. 가장 먼저 제 아내와 아이들이 저를 보고 돌아오라고 소리를 쳤지요. 몇몇 이웃 사람도 저더러 되돌아오라고 외쳤고요. 하지만 저는 손으로 귀를 틀어막은 채 앞만 보고 달렸답니다.

선의   혹시 당신을 설득하려고 쫓아온 사람은 없었나요?

크리스천   고집 씨와 변덕 씨가 쫓아왔지요. 저를 설득할 수 없다는 걸 알자 고집 씨는 씩씩거리며 돌아갔고, 변덕 씨는 얼마 동안 저와 동행했습니다.

선의   그런데 왜 변덕 씨는 끝까지 같이 오지 않았나요?

크리스천   함께 가다가 갑자기 절망의 늪에 빠지게 되었어요. 그러자 변덕 씨가 겁을 먹고 말았습니다. 자기 집 쪽으로 겨우 빠져나온 변덕 씨는 그 잘난 나라는 저 혼자 가라고 쏘아붙이고서 고집 씨를 따라 돌아가 버렸지 뭡니까. 그래서 저만 이 문까지 오게 된 겁니다.

선의   정말 안타깝군요. 하늘의 영광이 그까짓 작은 어려움도 감수하지 못할 정도로 가치가 없는 것이란 말입니까?

크리스천 ⌐ 그러게 말입니다. 하지만 솔직히 저도 변덕과 다를 바가
없습니다. 그 사람처럼 집으로 되돌아가지는 않았지만 세
속 현자의 꾐에 넘어가 죽음의 길로 들어섰으니 말입니다.

선의 ⌐ 이런, 그자를 만났단 말입니까? 그렇다면 율법주의라는
사람에게서 쉼을 얻으라고 했겠군요. 둘 다 천하의 사기
꾼입니다. 그런데 그런 자의 말을 따랐다고요?

크리스천 ⌐ 네, 부끄럽지만 그러고 말았습니다. 그자에게 속아서 율
법주의를 찾으러 갔는데 그 사람 집 가까이에 있는 산이
당장이라도 제 머리 위로 무너져 내릴 것만 같아서 멈출
수밖에 없었지요.

선의 ⌐ 그 산은 이미 많은 이들의 목숨을 앗아갔습니다. 앞으로
또 얼마나 많은 목숨이 그 산에서 으스러질지, 참으로 안
타깝습니다. 산에 깔려 으스러지지 않고 탈출하셨으니 얼
마나 다행인지 모르겠습니다.

크리스천 ⌐ 정말이지 제가 어찌할 바를 몰라 쩔쩔매고 있을 때 다행
히 전도자 님을 다시 만났기에 망정이지, 그렇지 않았다
면 저도 어떻게 되었을지 모를 일입니다. 산에 깔려 죽어
마땅한 제가 전도자 님을 다시 만나고, 또 이렇게 선의 님
앞에 서서 이야기를 나누고 있으니 참으로 하나님의 크신
자비가 아닐 수 없습니다. 게다가 이 문으로 들어오다니
요, 이 얼마나 큰 은혜입니까!

선의 ⌐ 우리는 여기 오신 분들이 전에 무슨 죄를 지었건 절대 문

밖으로 내쫓지 않습니다. ^{요 6:37} 자, 선한 크리스천 씨, 저를 따라오십시오. 어디로 가야 할지 알려 드리겠습니다. 저기 앞에 좁은 길이 보이십니까? 저 길이 바로 당신이 가야 할 길입니다. 옛 성도들과 선지자들, 그리고 그리스도와 그분의 제자들이 만든 길이지요. 마치 자로 그은 듯 똑바른 길이랍니다. 그러니 꼭 저 길로만 가서야 합니다.

크리스천 ⌐ 선의 님, 혹시 가는 길에 저와 같은 초행자들이 헷갈릴 만한 갈림길이나 굽은 길은 없습니까?

선의 ⌐ 그런 길이 많기는 합니다만, 그 길들은 하나같이 굽은 길이고 또 넓은 길입니다. 그래서 옳은 길과 그릇된 길을 쉽게 구별할 수 있지요. 곧고 좁은 길만이 옳은 길입니다. ^{마 7:14}

그때 나는 꿈에서 크리스천이 선의에게 등에 진 짐을 벗겨 줄 수 있는지 묻는 것을 보았다. 크리스천은 아직까지 무거운 짐을 벗지 못하고 있었는데, 그 짐은 누군가의 도움 없이는 벗을 수 없는 것이었다.

선의 ⌐ 그 짐은 구원의 장소에 이르기 전까지 계속 지고 가서야 합니다. 하지만 그곳에 다다르면 저절로 등에서 짐이 떨어져 나갈 겁니다.

　그리하여 크리스천은 다시 길을 떠날 채비를 했다. 선의는 이 문에서 조금만 가면 해석자Interpreter라는 사람의 집이 나올 텐데, 그 집의 문을 두드리면 그가 여행길에 도움이 될 만한 훌륭한 것들을 보여 줄 거라고 일러 주었다. 크리스천이 작별인사를 하자 선의는 하나님의 이름으로 그를 축복해 주었다.

　이윽고 해석자의 집house of the Interpreter에 도착한 크리스천은 몇 번

이나 문을 두드렸다. 마침내 한 사람이 문을 열고 나와서 무슨 일로
왔냐고 물었다.

크리스천 ╱ 저는 이 길을 지나가는 순례자입니다. 이 집의 주인을 잘
아시는 분이 이곳을 꼭 찾아가 보라고 해서 왔습니다. 실
례합니다만, 이 집의 주인을 뵐 수 있을까요?

　　그가 주인을 부르러 간 지 얼마쯤 지나, 주인이 나와 무슨 일인지
물었다.

크리스천 ⌒ 선생님, 저는 멸망의 도시를 떠나 시온산으로 가는 순례
　　　　　자입니다. 이 길의 입구에 있는 좁은 문에 계신 분께서 이
　　　　　곳에 가면 훌륭한 것들을 보여 주실 거라고 해서 이렇게
　　　　　찾아왔습니다. 제 여행에 큰 도움이 될 거라고 하시더군
　　　　　요.
해석자 ⌒ 어서 들어오세요. 당신에게 도움이 될 만한 것을 보여 드
　　　　리지요.

　　해석자는 하인에게 초를 켜라고 한 뒤에 크리스천에게 따라오라
고 손짓을 했다. 해석자는 크리스천을 한 비밀스러운 방으로 안내하
더니 하인에게 문을 열라고 명했다. 문이 열리자 매우 고귀한 사람의
초상화가 벽에 걸려 있는 것이 보였다. 초상화 속 인물의 모습을 가
만히 보니, 눈은 하늘을 향하고 있고 손에는 귀한 책이 들려 있으며
입술에는 진리의 법이 쓰여 있고 세상은 그의 등 뒤에 있었다. 그는
머리에 금 면류관을 쓰고 마치 사람들에게 무언가를 간청하는 듯한
모습으로 서 있었다.

크리스천 ⌒ 이 그림은 무엇을 의미합니까?
해석자 ⌒ 이 그림은 이 세상에 다시없을 고귀한 인물의 초상화입니

다. 이분은 자녀를 낳으실 수 있기에 해산의 고통을 아시며 친히 자녀를 돌보시는 분입니다. ^{고전 4:15; 갈 4:19} 그분의 눈이 하늘을 향해 들려 있고 손에는 가장 귀한 책이 들려 있으며 입술에 진리의 법이 쓰여 있는 것에서 보다시피, 그분은 어둠의 일을 밝혀내어 죄인들에게 드러내는 일을 하시지요. 이것이 그분이 사람들을 향해 간청하는 듯한 모습으로 서 있는 이유입니다. 그리고 세상을 등지고 머리에는 면류관을 쓰신 모습에서 보다시피 그분은 이 세상의 것을 경시하고 경멸하고 있습니다. 그분은 다가올 세상에서 영광을 상으로 얻을 것을 확신하여 오직 하나님만 섬기기를 원하시는 분이지요.

제가 이 그림을 가장 먼저 보여 드린 것은, 그림 속의 인물이 당신이 가려는 곳의 주인이 인정하신 유일한 안내자이기 때문입니다. 당신이 여정 가운데 만날 온갖 난관을 너끈히 극복하도록 그분이 잘 안내해 주실 것입니다. 그러니 옳은 길로 인도할 것처럼 말하지만 사실상 사망의 길로 이끄는 자들에게 넘어가지 않도록 제가 보여 드린 그림의 주인공을 잘 기억하십시오.

여기까지 말한 해석자는 크리스천의 손을 잡고 한 번도 청소한 적이 없는 듯 먼지가 수북이 쌓인 아주 큰 방으로 안내했다. 해석자는 그곳을 잠시 살피더니 하인에게 청소를 시켰다. 하인이 방을 빗

자루로 쓸기 시작하자 먼지가 어찌나 날리는지 크리스천은 거의 질식할 지경이 되었다.

그러자 해석자는 옆에 서 있던 소녀에게 말했다. "어서 물을 가져다 뿌려라." 소녀가 물을 뿌리고 나자 먼지는 가라앉았고 방을 깨끗이 치울 수 있었다.

크리스천 ／ 이건 무슨 의미입니까?

해석자 ／ 이 방은 복음의 은혜로 정화되지 않은 사람의 마음이랍니다. 먼지는 원죄, 곧 사람을 더럽게 만드는 내적 부패를 의미하지요. 처음 방을 쓸기 시작한 자는 율법Law입니다. 물을 가져와 뿌린 소녀는 복음Gospel이고요. 자, 보셨다시피 첫 번째 인물이 방을 쓸기 시작하자마자 먼지가 정신없이 휘날려 깨끗해지기는커녕 오히려 방 안에 있는 모든 사람을 숨 막히게 만들었지요. 이건 율법이 마음의 죄를 깨끗하게 할 수 없고 오히려 죄가 영혼 속에서 더 기승을 부리게 만든다는 걸 의미합니다. 율법은 죄를 깨우치고 금하기는 하지만 죄를 없애 주지는 못하지요. 롬 7:6; 고전 15:56; 롬 5:20

반면에, 소녀가 방에 물을 뿌리자 방 안이 기분 좋게 깨끗해졌습니다. 이것은 복음이 사람의 마음에 귀한 영향력을 발휘하면, 소녀가 바닥에 물을 뿌려 먼지를 가라앉힌 것처럼 복음에 대한 믿음을 통해 죄가 뿌리 뽑혀 사라지고 영혼이 깨끗해진다는 뜻입니다. 그리하여 그의 영혼은 영광의 왕이 거하시기에 적합한 상태가 되지요. ^{요 15:3; 엡 5:26; 행 15:9}

나는 꿈에서 해석자가 크리스천의 손을 잡고 이번에는 작은 방으로 안내하는 것을 보았다. 방 안에는 두 아이가 각자 자기 의자에 앉아 있었다. 둘 가운데 형의 이름은 정욕^{Passion}이고, 동생의 이름은 인내^{Patience}였다. 정욕은 얼굴에 불만이 가득해 보였지만 인내는 더없이 차분했다. 그들을 유심히 바라보던 크리스천이 물었다. "정욕이란 아이가 불만에 가득 차 보이는 이유는 무엇인가요?"

해석자는 이렇게 대답했다. "저 아이들의 아버지가 내년에 가장 좋은 선물을 줄 테니 기다리라고 했지요. 하지만 정욕이란 녀석은 당장 달라고 떼를 쓰고 있고, 인내는 기꺼이 기다리고 있습니다."

그때 어떤 사람이 정욕에게 다가와 그 발밑에 보물이 가득 든 자루를 쏟았다. 그러자 정욕은 냉큼 보물을 움켜쥐고 인내를 향해 자랑하며 조롱했다. 하지만 그는 얼마 안 있어 받은 것을 흥청망청 다 써 버리고, 남은 것이라고는 다 해진 천 조각뿐인 인생이 되었다.

크리스천 ╱ 이 방 안의 두 아이는 또 무엇을 의미하는지 자세히 설명해 주시겠습니까?

해석자 ╱ 이 두 아이는 비유입니다. 정욕은 이 세상에 속한 사람들을 비유하고, 인내는 다가올 세상에 속한 사람들을 비유

"정욕은 당장 눈앞에 보이는 이익을 좋아합니다.
지금 이 세상에서 모든 걸 누리려고 하는 자들이지요.
지금 당장 좋은 것을 다 가져야 직성이 풀리는 자들입니다."

하지요. 정욕은 당장 눈앞에 보이는 이익을 좋아합니다. 지금 이 세상에서 모든 걸 누리려고 하는 자들이지요. 바로 세상에 속한 사람들이 그와 같지요. 그들은 지금 당장 좋은 것을 다 가져야 직성이 풀리는 자들입니다. 도무지 내년까지, 곧 다음 세상까지 기다릴 줄 모르지요.

다가올 세상에서 더 좋은 것을 얻는다는 증언이 넘쳐나는데도 "숲속의 두 마리 새보다 당장 내 손안에 있는 한 마리 새가 낫다"라고 말하는 자들이랍니다. 하지만 보다시피 정욕이란 녀석은 금세 모든 것을 탕진해 버리고 남은 것이라고는 누더기 천 조각뿐인 신세로 전락했습니다. 이 세상에 속한 자들은 이처럼 세상의 끝에서 모두 그렇게 자멸하고 말 겁니다.

크리스천 ─ 그렇다면 인내야말로 지혜로운 자로군요. 정욕이 누더기만 만지작거릴 때 인내는 가장 좋은 것을 누릴 테니까요.

해석자 ─ 여기서 끝이 아닙니다. 이 세상의 영광은 흔적도 없이 사라져 버리지만, 내세의 영광은 영원합니다. 정욕은 좋은 것을 먼저 가졌다고 인내를 비웃었지만 마지막에 진정으로 웃는 자는 인내가 될 것입니다. 먼저 좋은 것을 차지한 사람은 결국 나중에 올 사람에게 자리를 내주어야 하기 때문입니다. 하지만 맨 마지막에 차지하는 사람은 그 누구에게도 자리를 내줄 필요가 없지요. 마지막의 뒤에 올 사람은 없으니 말입니다.

제 몫을 먼저 챙긴 사람은 연기처럼 사라질 일시적인 즐거움을 누릴 뿐이지만, 자신의 몫을 마지막까지 인내로 기다린 사람은 그것을 영원히 누릴 수 있습니다. 그래서 부자에 관한 이런 말이 있는 것이지요. "너는 살았을 때에 좋은 것을 받았고 나사로는 고난을 받았으니 이것을 기억하라. 이제 그는 여기서 위로를 받고 너는 괴로움을 받느니라."눅 16:25

크리스천 ╱ 현재의 것을 탐하기보다 다가올 것을 인내로 기다려야 하는군요.

해석자 ╱ 바로 그렇습니다. "보이는 것은 잠깐이요 보이지 않는 것은 영원"하기 때문입니다.고후 4:18 하지만 현재의 것과 우리의 정욕은 너무도 가깝고, 장래의 것과 우리의 정욕은 너무 다르기 때문에 우리는 자꾸만 현재의 것에 이끌리고 장래의 것을 멀리하게 된답니다.

이번에는 해석자가 크리스천의 손을 잡고 불이 타오르는 벽난로로 데려갔다. 그 옆에선 한 사람이 불을 끄려고 계속해서 물을 붓고 있었지만 신기하게도 불은 꺼지지 않고 오히려 점점 더 활활 타올랐다.

크리스천 ╱ 이것은 무슨 의미인가요?

해석자 ╱ 이 불은 심령 가운데 이루어지는 은혜의 역사랍니다. 불

을 끄려고 물을 뿌리는 자는 바로 마귀지요. 하지만 보다
시피 불은 상관없이 더 활활 타오르고 있습니다. 자, 그 이
유를 확인해 보시지요.

해석자는 크리스천을 벽의 뒤쪽으로 데려갔다. 크리스천이 보니
그곳에는 한 사람이 기름통을 들고 서 있었다. 그는 비밀스럽게 계
속해서 불에 기름을 붓고 있었다.

크리스천 ╱ 기름을 붓고 있는 이분은 누구신가요?

해석자 ╱ 우리 마음속에 시작된 하나님의 역사 위에 은혜의 기름을
부으시는 그리스도이십니다. 마귀가 어떤 공작을 부려도
그리스도 덕분에 자녀들의 영혼은 변함없이 은혜 가운데
거할 수 있습니다.^{고후 12:9} 그리스도께서 벽 뒤에 서 계신
것은, 우리가 시험을 받는 동안에는 우리 영혼 속에서 일
어나는 은혜의 역사에 대해 알기가 힘들다는 점을 의미합
니다.

내가 꿈에서 보니 이제 해석자는 다시 크리스천의 손을 잡고 이
번에는 아주 멋진 곳으로 안내했다. 그곳에는 웅장하고도 아름다운
궁전이 있었다. 그 궁전을 본 크리스천은 황홀함에 넋이 나갈 정도
였다. 그런데 가만히 보니 궁전 위에는 어떤 자들이 모두 금빛 옷을
입고 거닐고 있었다. "우리도 저 아름다운 궁전에 들어갈 수 있습

니까?"

크리스천이 묻자 해석자는 그를 궁전 문 앞으로 데려갔다. 놀랍게도 문 앞에는 수많은 무리가 모여 있었다. 그런데 이상한 것은 다들 궁전 안으로 들어가고 싶어 하는 눈치인데 누구 하나 시도하는 이가 없었다.

한편, 궁전 문에서 조금 떨어진 곳에 탁자 앞에 앉은 한 사람이 보였다. 그는 앞에 책 한 권과 잉크병을 놓고 궁전에 들어가려는 이들의 이름을 적고 있었다. 갑옷을 입은 여러 사람이 문 앞을 지키고 있는 모습도 보였다. 누구라도 문으로 다가서면 가만히 두지 않겠다는 듯 살벌한 분위기였다. 크리스천은 어찌해야 할 바를 몰라 멍하니 서 있었다. 모두가 무장한 군사들이 두려워서 뒷걸음을 치던 그때, 마침내 매우 용감해 보이는 얼굴의 남자가 탁자 앞에 앉은 사람에게 다가와 말했다. "내 이름을 적어 주십시오."

그가 이름을 적자 남자는 검을 뽑고 투구를 쓰더니 무장한 군사들이 지키고 있는 문을 향해 돌진했다. 하지만 안타깝게도 그는 군사들의 반격에 나가떨어지고 말았다. 그런데 그는 포기하기는커녕 더없이 맹렬하게 달려들며 검을 휘둘렀다. 그렇게 그는 많은 상처를 입으면서도[행 14:22] 방어막을 뚫고 한 걸음씩 궁전을 향해 나아갔다. 그러자 금빛 옷을 입고 궁전 위를 걷던 사람들과 궁전 안의 사람들이 모두 기뻐하며 큰 소리로 외쳤다.

들어오라, 들어오라!

결국 남자는 궁전 안으로 들어갔고, 궁전 안의 사람들처럼 금빛 옷을 입게 되었다. 그러자 크리스천은 빙그레 웃으며 말했다. "이건 무슨 의미인지 알 것 같군요. 이제 저는 다시 길을 떠나야겠습니다." 크리스천이 말하자 해석자가 고개를 내저었다. "아직 더 보여 드릴 것이 있습니다. 이것까지 보고 가십시오."

해석자는 다시 크리스천의 손을 잡고 칠흑같이 어두운 방으로 데려갔다. 방에는 한 남자가 쇠창살 안에 갇혀 있었다. 그는 몹시 슬퍼 보였다. 눈은 바닥에 고정되어 있고 두 손은 깍지를 낀 채 가슴이 무너지는 듯 한숨을 내쉬었다. "이건 무슨 의미지요?" 크리스천의 말에 해석자는 그 남자에게 직접 물어보라고 권했다.

크리스천 〡 당신은 누구십니까?

남자 〡 예전의 나는 전혀 이런 사람이 아니었습니다.

크리스천 〡 예전에는 어떠하셨는데요?

남자 〡 저도 한때는 누구나 인정하는 훌륭한 신앙인이었지요.[눅 8:13] 예전에는 천성에 갈 자격이 충분하다고 자부했습니다. 심지어 당장이라도 천성에 들어갈 수 있을 것 같다는 생각에 마음이 부풀어 오르기도 했지요.

크리스천 〡 그런데 지금은요?

남자 〡 이제 저는 절망 그 자체입니다. 절대 빠져나갈 수 없는 이 쇠창살 안에 갇혀 있는 신세랍니다.

크리스천 ― 어쩌다 이렇게까지 되셨습니까?

남자 ― 깨어서 정신을 차려야 하는데, 그러지 못하고 정욕에 이끌리는 대로 살고 말았답니다. 말씀의 빛과 하나님의 선하심을 거역하는 죄를 짓고 말았지요. 성령을 근심하게 하는 바람에 그분이 제게서 떠나가시고 말았습니다. 또 마귀에게 틈을 보여 그가 제 안에 들어오고 말았고요. 하나님을 노엽게 해서 그분이 떠나가신 겁니다. 이제 제 마음은 너무 강퍅해져서 회개조차 못할 지경에 이르렀습니다.

크리스천은 해석자에게 "저 사람에게는 아무런 희망이 없나요?"라고 물었다. 해석자는 이 역시 그에게 직접 물어보라고 대답했다.

크리스천 ― 희망도 없이 이 절망의 쇠창살 안에 계속해서 갇혀 있어야 하나요?

남자 ― 네, 제게는 희망이 전혀 없습니다.

크리스천 ― 그럴 리가요? 하나님의 아들의 긍휼은 끝이 없으십니다.

남자 ― 저는 그분을 십자가에 또다시 못 박는 몹쓸 짓을 저질렀습니다. 저는 그분을 경멸했어요. ^{히 6:6; 눅 19:14} 그분의 의를 경멸하고 그분의 보혈을 부정한 것처럼 여겼지요. 저는 은혜의 성령을 욕되게 한 자입니다. ^{히 10:28-29} 모든 약속을 저 스스로 걷어찬 셈이지요. 이제 제게는 무시무시한 심

판과 불같은 분노만 남아 있을 뿐입니다. 그 분노가 원수
인 저를 집어삼킬 겁니다.

크리스천 도대체 무엇 때문에 그런 죄를 지으셨나요?

남자 정욕과 쾌락, 이 세상의 유익 때문입니다. 이런 것들 속에
살면 계속해서 즐거울 줄 알았지요. 하지만 지금은 이런
것 하나하나가 마치 무시무시한 벌레처럼 저를 물어뜯고
있습니다.

크리스천 하지만 지금이라도 회개하고 돌아서면 되지 않나요?

남자 하나님은 제 회개를 거부하셨습니다. 그리고 무엇보다 이
제는 그분의 말씀을 봐도 더 이상 믿어지지가 않습니다.
하나님이 직접 저를 이 쇠창살 안에 가두셨기에 세상 누
구도 저를 이곳에서 꺼내 줄 수 없습니다. 영원히, 영원히
말입니다! 영원히 이 불행 속에 허덕여야 하니, 어찌해야
할까요!

해석자 이 사람의 불행을 반면교사로 삼아 늘 기억하십시오.

크리스천 네, 정말 두렵군요. 하나님, 깨어서 정신을 차리게 도와주
십시오. 이 사람처럼 절망에 빠지지 않게 기도해야겠습니
다. 해석자 님, 이젠 가도 되겠습니까?

해석자 잠깐만요. 딱 하나가 더 남았습니다. 이것만 보고 길을 떠
나시지요.

"제게는 희망이 전혀 없습니다."

"그럴 리가요?
하나님의 아들의 긍휼은
끝이 없으십니다."

"저는 그분을 십자가에 또다시 못 박는
몹쓸 짓을 저질렀습니다.
저는 은혜의 성령을 욕되게 한 자입니다.
이제는 그분의 말씀을 봐도
더 이상 믿어지지가 않습니다.
영원히 이 불행 속에 허덕여야 하니,
어찌해야 할까요!"

해석자는 다시 크리스천의 손을 잡고 다른 방으로 데려갔다. 방 안에는 잠에서 방금 일어난 듯한 한 사람이 있었는데 침대에서 몸을 일으킨 그는 몸을 부르르 떨었다. "이 사람은 왜 떨고 있는 거지요?" 해석자는 그 남자에게 직접 이유를 설명해 보라고 말했다.

남자 ╱ 간밤에 잠을 자다가 꿈을 꿨어요. 하늘이 칠흑같이 어두워지더니 금방이라도 무너질 것처럼 무섭게 천둥과 번개가 치는 게 아니겠어요. 너무 겁이 났습니다. 고개를 들어 하늘을 보니 구름이 무서운 속도로 몰려왔고, 구름 속에서 요란한 나팔 소리가 들려왔지요. 구름 위에는 수많은 천국 시민에게 둘러싸인 한 사람이 앉아 있었습니다. 모두가 활활 타오르고 있었고, 천국도 불길에 휩싸여 있었지요.

그때 어디에선가 "일어나라, 죽은 자들이여. 심판의 자리로 오라"라는 소리가 들렸습니다. 그 소리와 함께 바위가 갈라지고 무덤이 열려 그 안에서 죽은 사람들이 걸어 나오는 게 아니겠습니까. 고전 15장; 살전 4장; 유 1:15 어떤 이들은 기뻐서 어쩔 줄 몰라 하는 모습이었고, 어떤 이들은 산 아래에 숨을 곳을 찾기 시작했지요.

그때 구름 위에 앉은 분이 책을 펴고 온 세상 사람들에게 가까이 오라고 명령했습니다. 하지만 그분에게서 뿜어져 나오는 맹렬한 불 때문에 그분과 사람들 사이는 법정 위

의 판사와 죄수들 사이만큼이나 멀찌감치 벌어져 있었지
요. 단 7:9-10; 말 3:2-3

구름 위에 앉은 분이 이번에는 주변에 있는 천국의 존재
들에게 명령했습니다. "가라지와 쭉정이와 지푸라기는 모
두 모아 불못에 던져 버려라."마 3:12; 13:30; 말 4:1 그 순간, 제
가 서 있는 곳 바로 근처에서 끝없이 깊은 구덩이가 열리
더니 거기서 엄청난 불과 연기가 뿜어져 나오고 땅이 갈
라지는 듯한 굉음이 천지에 진동했습니다. 그분은 천국의
존재들에게 다시 명령했지요. "알곡은 다 모아 곳간에 들
이라."눅 3:17 그러자 많은 사람이 구름 위로 올려졌지만 저
는 아래에 남았습니다. 살전 4:16-17 저도 숨으려고 했지만 숨
을 수 없었지요. 구름 위에 앉은 분이 여전히 저를 주시하
고 있었기 때문입니다. 제가 지은 죄들이 생생하게 생각
나고 양심이 사방에서 저를 짓눌렀습니다. 롬 2:14-15 그 순
간, 잠에서 깨어났습니다.

크리스천 ╱ 그런데 그 꿈이 왜 그토록 두려웠습니까?

남자 ╱ 심판의 날이 다가왔는데 저는 전혀 준비가 되지 않았음을
알았기 때문입니다. 천사들이 많은 사람을 모아서 데려갔
는데 저는 남고, 제가 서 있는 곳 근처에서 지옥의 구덩이
가 열렸으니 얼마나 무서웠겠습니까? 게다가 양심도 저를
괴롭혔지요. 생각해 보면 재판관은 내내 분노가 이글거리
는 표정으로 저를 보고 계셨던 것 같습니다.

그때 해석자가 크리스천에게 말했다.

해석자 ╱ 당신도 이런 생각을 해 본 적이 있습니까?
크리스천 ╱ 네, 그럴 때마다 희망과 두려움을 동시에 느끼곤 했지요.
해석자 ╱ 지금 본 것을 늘 기억하기를 바랍니다. 그리고 옳은 길로
계속 전진하도록 순례의 길에 자극제로 삼으십시오.

이제 크리스천은 다시 떠날 채비를 했다. 그러자 해석자가 말했다. "선한 크리스천이여, 부디 위로의 성령님이 당신을 천성까지 무사히 안내해 주시길 바랍니다."
크리스천은 이렇게 말하며 다시 길을 나섰다.

이곳에서 본 것들을 나는 결코 잊지 못하리라.

나를 깊이 위로한 광경과 나를 두렵게 한 광경들.

이제 내가 시작할 순례의 길에서

나를 단단히 붙잡아 주리라 나는 믿네.

내게 이런 광경을 허락하신 이유를

지금은 다 알 수 없지만,

남은 순례의 길에서 깨달을 수 있기를.

고맙습니다, 선한 해석자여.

그런데 그 꿈이
왜 그토록 두려웠습니까?

심판의 날이 다가왔는데
저는 전혀 준비가 되지 않았음을
알았기 때문입니다.

CHAPTER 3

옥죄던
죄 짐을
벗어 버리고

충전과 무장의 시간

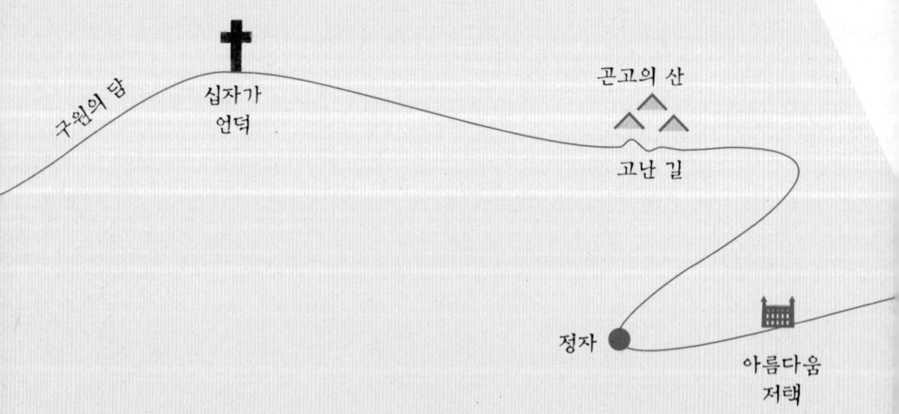

꿈속에서 보니 크리스천이 가려는 오르막길은 양쪽으로 담이 둘러져 있는데, 담의 이름은 구원Salvation이었다. 사 26:1 크리스천은 등에 진 짐 때문에 그 길을 달려 오르는 일이 힘에 겨웠다.

크리스천은 마침내 가파른 언덕에 이르렀는데, 그곳에는 십자가Cross가 서 있고 십자가 아래쪽에는 무덤 하나가 있었다. 꿈에서 보니 크리스천이 십자가 앞에 도착하자마자 놀랍게도 어깨의 끈이 느슨해지더니 등에서 짐이 떨어져 나갔다. 크리스천의 어깨에서 벗겨진 짐은 계속해서 굴러떨어지더니 무덤 안으로 들어가 더 이상 보이지 않게 되었다.

몸도 마음도 가벼워진 크리스천은 기쁨에 겨워 흥얼거렸다. "주님이 고난을 받으사 내게 쉼을 주시고, 죽으심으로 내게 생명을 주셨구나." 그는 한동안 가만히 서서 감격한 표정으로 십자가를 바라보았다. 십자가를 바라보기만 했는데도 무거운 짐이 완전히 벗겨져 나갔다는 사실이 놀랍기만 했다. 십자가를 하염없이 바라보던 그의 두 눈에서 눈물이 흘러 뺨을 적셨다. 슥 12:10

크리스천이 흐느끼고 있을 때 빛나는 세 천사가 다가와 "평안할

"주님이 고난을 받으사 내게 쉼을 주시고,
죽으심으로 내게 생명을 주셨구나."

십자가를 바라보기만 했는데도
그의 무거운 짐은 완전히 벗겨져 나갔다.

지어다"라고 그에게 인사를 건넸다. 그들 가운데 첫 번째 천사가 말했다. "당신의 죄가 사해졌습니다."막 2:5 그러자 두 번째 천사가 크리스천의 누더기 옷을 벗기고 새 옷으로 갈아입혀 주었다.슥 3:4 마지막으로 세 번째 천사가 크리스천의 이마에 표시를 하고 봉인된 두루마리 하나를 건넸다.엡 1:13 그는 순례의 길을 가는 동안 두루마리를 읽고 천국 문에 다다르면 그것을 증표로 내밀라고 알려 주었다. 그 말을 남기고 세 천사는 홀연히 사라졌다.

크리스천은 너무 기뻐서 세 번씩이나 펄쩍 뛰었고, 노래를 부르며 힘을 내어 다시 길을 떠났다.

나는 지금까지 죄를 짊어지고 다녔네.
한순간도 슬픔에서 벗어날 수 없었네.
이곳에 올 때까지는 그랬지.
여기는 얼마나 좋은 곳인가.
여기서 내 행복이 시작되는구나.
여기서 내 등의 짐이 벗겨지는구나.
여기서 나를 옭아매던 사슬이 끊어지는구나.
복된 십자가여! 복된 무덤이여!
날 위해 수치를 당하신 분을 찬양하네.

꿈에서 보니, 길을 가던 크리스천은 어느 산기슭에 이르렀다. 그곳에서 그는 족쇄를 찬 채 길가에 곤히 잠든 세 남자를 발견했다. 세 사람의 이름은 각각 단순^{Simple}, 나태^{Sloth}, 거만^{Presumption}이었다.

크리스천은 잠에 빠진 그들을 깨우려고 큰 소리로 외쳤다. "지금 여러분은 돛대 위에서 자고 있는 거나 다름없습니다! 아래는 끝을 알 수 없는 죽은 바다가 넘실거리고 있고요! 그러니 어서 일어나 떠나세요! 그렇게 하겠다면 제가 족쇄를 풀어 드리겠습니다!" 크리스천은 계속해서 말했다. "우는 사자같이 두루 다니는 자가 오면 분명히 그 무시무시한 이빨로 여러분을 갈기갈기 찢어 버릴 겁니다!"^{벧전 5:8} 하지만 그들은 크리스천을 힐끗 쳐다보더니 퉁명스럽게 대꾸했다.

단순 ／ 위험하긴 뭐가 위험하다는 거요?
나태 ／ 허튼소리. 나는 잠이나 더 자야겠소.
거만 ／ 내가 알아서 할 테니 신경 쓰지 마시오.

세 사람은 그렇게 말하고는 다시 누워서 잠이 들었고, 크리스천은 할 수 없이 다시 길을 떠났다. 하지만 크리스천은 위험에 처한 세 사람이 자신의 호의를 무시한 걸 생각할수록 기분이 좋지 않았다. 크리스천은 족쇄를 차고 잠에 빠져 아무것도 할 수 없는 그들에게 위험을 알려 주려고 했다. 하지만 그들은 어떻게 그토록 무례하게 굴 수 있단 말인가.

그는 불편한 마음으로 길을 걷다 좁은 길의 왼쪽 담을 넘어오는

두 사람을 보았다. 그들은 크리스천을 향해 가까이 다가왔다. 한 사람의 이름은 허례Formalist였고, 다른 사람의 이름은 위선Hypocrisy이었다. 크리스천이 두 사람에게 말을 걸었다.

크리스천 ✓ 이봐요, 어디서 와서 어디로 가시는 길입니까?

허례와 위선 ✓ 우리는 허영Vain-glory이란 땅에서 태어났는데, 시온산에 가면 영예를 얻고 칭송받을 수 있다기에 가는 길이오.

크리스천 ✓ 그런데 왜 이 길 입구에 있는 문으로 들어오지 않았습니까? "문을 통하여 양의 우리에 들어가지 아니하고 다른 데로 넘어가는 자는 절도며 강도요"라는 말씀을 모르시나요?^{요 10:1}

허례와 위선은 자기 동네 사람들은 좁은 문의 입구가 꽤 멀리 떨어져 있기 때문에 대개 이렇게 담을 넘어 들어온다고 말했다.

크리스천 ╱ 하지만 그건 지금 우리가 찾아가고 있는 성의 주인이 말씀하신 뜻을 거스르는 짓입니다.

허례와 위선은 자신들은 관습대로 한 것이니 신경 쓰지 말라고 타박했다. 그리고 필요하다면 이것이 천 년 넘게 이어져 온 관습임을 증명해 보일 수 있다고 큰소리쳤다.

크리스천 ╱ 하지만 그 관습이 하늘의 법정에서도 인정을 받을 수 있을까요?

허례와 위선은 천 년이 넘게 유지되어 온 관습이니 공정한 재판관이라면 당연히 인정할 거라고 장담했다.

허례와 위선 ╱ 게다가 우리가 이미 이 길에 들어와 있는데 어떻게 해서 들어왔는지가 뭐가 중요한가요? 이러나저러나 우리는 다

이 길로 들어왔습니다. 보아하니 당신은 좁은 문으로 들어왔나 본데, 그리로 온 당신이나 담을 넘어온 우리나 똑같이 이 길 위에 있지 않나요? 도대체 나는 무슨 차이가 있는지 모르겠군요.

크리스천 ─ 저는 하나님의 법대로 가고 있지만 당신들은 자기 마음대로 가고 있습니다. 이 길의 주인께 당신들은 이미 강도들입니다. 당신들이 설령 이 길의 끝까지 간다 해도 의인으로 인정을 받을지 의심스럽군요. 당신들은 주님의 지시 없이 제멋대로 들어왔으니 나갈 때도 주님의 자비를 기대하지 마십시오.

말문이 막힌 두 사람은 크리스천에게 제 앞가림이나 잘하라고 쏘아붙이고 말없이 걷기 시작했다. 그러나 얼마지 않아 두 사람은 뜬금없이 자기들도 크리스천만큼이나 율법과 규례를 잘 지키고 있다고 말했다.

허례와 위선 ─ 아무래도 사람들이 벌거벗은 몸이나 가리라고 준 옷 같은데, 당신이 등에 걸친 그 옷 말고는 우리가 당신과 다른 게 뭐요?

크리스천 ─ 당신들은 문으로 들어오지 않았기 때문에 율법의 행위와 규례로는 구원을 받을 수 없습니다.^{갈 2:16} 그리고 내가 등에 걸친 이 옷은 내가 가는 곳의 주님께서 주신 것입니다.

당신들이 말한 것처럼 내 벌거벗은 몸을 가리라고 주신
것이지요. 이 옷은 그 전까지만 해도 겨우 누더기만 걸치
고 있던 내게 주님이 보여 주신 은혜의 징표입니다. 내가
천성 문에 이르면 주님은 내 등에 걸친 이 옷으로 나를 알
아보실 것입니다. 내게서 누더기를 벗기고 거저 입혀 주
신 이 옷으로 말입니다.

참, 당신들은 눈치 채지 못했겠지만 내 이마에도 표시가
있습니다. 내 어깨에서 짐이 떨어져 나갈 때 주님의 가장
가까운 종 가운데 한 명이 내 이마에 찍은 것이지요. 한
가지 더, 봉인된 두루마리도 하나 받았는데, 순례의 길을
걸으면서 읽으면 큰 위안이 될 거라고 했습니다. 아울러
천성 문에서 그 두루마리를 통행증으로 제시하면 된다고
했지요. 하지만 당신들은 문으로 들어오지 않았으니 이
모든 것이 없을 테지요.

허례와 위선은 아무런 대꾸도 할 수 없었기에 크리스천을 조롱
하듯 서로 쳐다보며 웃어 델 뿐이었다. 그들은 다시 걷기 시작했고
크리스천이 그들보다 조금 앞서 걸어갔다. 크리스천은 더 이상 그들
과 말을 나누지 않았고, 때로는 한숨을 내쉬며 때로는 깊은 위안 속
에서 걸어갔다. 또한 틈만 나면 빛나는 사람이 준 두루마리를 꺼내
읽으며 새로운 힘을 얻었다.

내가 보니, 그들은 곤고의 산 The Hill Difficulty 기슭에 이르렀는데 그

곳에는 샘 하나가 흐르고 있었다. 또한 그곳에는 좁은 문에서부터 이어진 길 외에 다른 두 길이 더 있었다. 두 길은 각각 산의 왼편과 오른편으로 굽어 있었다. 반면, 좁은 길은 산 위로 곧장 이어져 있었다(산비탈로 올라가는 이 길의 이름은 고난^{Difficulty}이었다). 크리스천은 샘으로 가서 사 49:10 목을 실컷 축인 뒤에 이렇게 노래하며 산을 오르기 시작했다.

산이 아무리 높아도 기어코 오르고 말리라.

아무리 험난해도 포기하지 않으리라.

생명으로 가는 길이 여기에 있기 때문이지.

자, 힘을 내자. 나약해지지 말자. 두려워하지 말자.

편하지만 화로 이어지는 그릇된 길보다

아무리 힘들어도 옳은 길로 가는 편이 낫다네.

다른 두 사람도 산기슭에 이르렀다. 하지만 산으로 곧장 이어진 높고 가파른 길 외에 다른 두 길이 있음을 본 두 사람은 이 두 길로 가도 결국 크리스천과 산 너머에서 만나게 될 것이라고 판단했다. 그리하여 두 사람은 곁길로 가기로 마음을 먹었다.

그 길 가운데 하나의 이름은 위험^{Danger}이었고, 다른 길의 이름은 멸망^{Destruction}이었다. 두 가지 길 가운데 위험이란 길로 간 사람은 빽빽한 숲을 만나 길을 잃고 말았다. 또 멸망이란 길로 간 사람은 어두운 산들이 곳곳에 솟아 있는 광활한 벌판에 이르렀는데 그만 심하게 넘어져 더 이상 일어서지 못했다.

이번에는 크리스천을 보니 산을 오르고 있었다. 산이 워낙 가팔라서, 처음에는 뛰어서 오르다가 이내 지쳐 걷더니 나중에는 손과 무릎으로 겨우 기어가기 시작했다. 산 중턱쯤 이르렀을 때 산의 주인이 지친 여행객들의 쉼을 위해 만든 아늑한 정자가 나타났다. 크리스천은 그곳에 이르자마자 자리에 앉아 휴식을 취했다. 잠시 뒤 그는 품에서 두루마리를 꺼내 읽으며 위안을 얻었다. 그는 또 십자가 앞에서 받은 옷을 자세히 살펴보며 힘을 얻었다. 그렇게 편안한 쉼을 누리던 그는 이내 깊은 잠에 빠져들었다.

편안한 쉼을 누리던 그는
이내 깊은 잠에 빠져들었다.
그리고 자는 동안 손에서 두루마리를
떨어뜨리고 말았다.

잠을 자다 보니 어느새 거의 한밤중이 되었고, 자는 동안 손에서 두루마리를 떨어뜨리고 말았다. 그때 누군가가 나타나 잠자던 그에게 소리쳤다. "게으른 자여, 개미에게 가서 그가 하는 것을 보고 지혜를 얻으라."^{잠 6:6} 그 소리에 놀란 크리스천은 벌떡 일어나서 산꼭대기에 이를 때까지 발걸음을 재촉했다.

크리스천이 산 정상에 도착했을 때 반대편에서 허둥지둥 달려오는 두 사람이 보였다. 한 사람의 이름은 겁쟁이^{Timorous}였고 다른 사람의 이름은 불신^{Mistrust}이었다. "반대 방향으로 달리시다니 도대체 무슨 일입니까?" 크리스천이 묻자 겁쟁이가 대답했다.

겁쟁이 ╱ 우리도 이 험난한 산을 올라 시온산으로 가고 있었지요. 하지만 산을 오를수록 도무지 위험이 끊이지 않아 결국 발길을 돌려 이렇게 되돌아가고 있습니다.

불신 ╱ 그렇습니다. 저 앞에서 자는 건지 깨어 있는 건지 알 수 없는 사자 두 마리를 만났지 뭡니까. 생각만 해도 끔찍하지만, 놈들에게 가까이 다가갔다면 아마 갈가리 찢기고 말았을 겁니다.

크리스천 ╱ 당신들의 말을 듣고 보니 너무 두렵군요. 하지만 어디로 간들 안전할까요? 지금 당장 고향으로 되돌아간다 해도 기다리는 것은 유황불뿐입니다. 하지만 이 길로 가서 천성에만 이른다면 그곳은 반드시 안전할 겁니다. 그러니 저는 모험을 하겠습니다. 돌아가 봐야 저를 기다리는 건 죽음뿐이니까요. 이 길로 계속 가는 것도 두렵지만 그 너머에는 영생이 있지 않습니까? 저는 앞으로 가겠습니다.

그리하여 불신과 겁쟁이는 산을 내려갔고, 크리스천은 가던 길로 계속 갔다. 하지만 곧 불신과 겁쟁이에게 들었던 말이 다시 생각난 크리스천은 위로를 얻기 위해 품을 더듬거렸다. 이럴 수가! 두루마리가 손에 잡히질 않았다. 크리스천은 크게 놀라 어쩔 줄 몰랐다. 늘 마음을 위로해 줄 뿐 아니라 천성의 통행권이 되어 줄 두루마리가 없어졌으니 실로 큰일이었다. 크리스천은 당황해서 허둥대기 시작했다. 그러다 문득 산 중턱에 있던 정자에서 깜빡 잠이 들었던 일이 생각이 났다.

크리스천은 곧바로 무릎을 꿇고 어리석은 행동을 한 자신을 용서해 달라고 하나님께 간청했다. 그러고 나서 일어나 두루마리를 찾기 위해 길을 되돌아갔다. 돌아가는 내내 마음은 한없이 무겁기만 했다. 크리스천은 한숨을 쉬기도 했고 눈물을 흘리기도 했다. 잠깐 쉬라고 있는 곳에서 늘어지게 자 버린 자신의 어리석음을 수없이 자책하며 서둘러 산을 내려갔다. 혹시 길에 두루마리가 떨어져 있을지 몰라, 돌아가는 내내 주변을 유심히 살폈다. 여행길 내내 자신에게 위안을 주었던 두루마리를 반드시 찾아야만 했다.

마침내 크리스천의 눈앞에 그가 잠들었던 정자가 보였다. 하지만 정자를 보니 어리석게 잠이 든 자신에 대한 자책감이 더욱 밀려와 탄식이 터져 나왔다. "오호라, 나는 곤고한 사람이로다! 대낮에 그렇게 늘어지게 자다니. 위험의 한복판에서 정신을 놓고 잠이나 자다니. 산의 주인께서 순례자들의 영혼의 안식을 위해 지으신 정자에서 나는 겨우 육체의 편안을 도모했구나. 그래서 얼마나 많은 헛걸음을 했는가. 그 옛날 이스라엘 백성들과 똑같은 행동을 하고 말았구나. 죄 때문에 홍해 길을 따라 멀리 돌아간신 1:40 그들과 다를 바가 없구나. 이렇게 어리석게 잠에 빠지지만 않았다면 지금쯤 훨씬 더 멀리까지 갈 수 있었을 텐데. 기쁘게 갈 수 있는 길을 이토록 괴롭게 가는구나. 한 번만 가도 될 길을 세 번씩이나 가게 되었구나. 낮을 거의 다 허비했으니 곧 밤이 오겠지. 아, 그때 잠들지만 않았다면 얼마나 좋을까!"

정자에 도착한 크리스천은 한동안 그곳에 앉아서 눈물을 흘렸다. 겨우 마음을 추스른 그는 젖은 눈으로 나무 의자 아래를 살폈다. 그의 손에 잃어버렸던 두루마리가 닿았고, 그는 떨리는 손으로 그것을 집어 재빨리 품에 넣었다. 두루마리를 다시 얻은 기쁨은 이루 말할 수 없었다. 생명의 확신을 주고 원하던 천성에 들어갈 수 있게 해 줄 두루마리니 말이다. 크리스천은 두루마리를 다시 찾게 해 주신 하나님께 감사의 기도를 올리고 나서 기쁨과 슬픔이 교차하는 가운데 다시 여행길에 올랐다.

이번에는 신속하게 남은 산을 올랐다. 하지만 정상에 도착하기도 전에 해가 뉘엿뉘엿 지기 시작하자 잠으로 시간을 허비한 것이 생각나 다시 자책하기 시작했다. "아, 이 어리석은 게으른 자여. 결국 어두운 밤길을 걷게 생겼구나. 어리석게도 잠에 빠진 탓에 사나

운 짐승들의 소름 끼치는 울음소리를 들으며 어둠 속을 헤쳐 가게 생겼구나."

불신과 겁쟁이가 들려주던 무시무시한 사자 이야기도 떠올랐다. "먹이를 찾아 밤새 어슬렁거리는 짐승들이 어둠 속에서 나타나면 나는 도대체 어떻게 해야 할까? 나는 과연 갈가리 찢기지 않고 살아서 빠져나갈 수 있을까?" 그렇게 하염없이 한탄하며 걷다가 문득 눈을 들어 보니, 저 앞에 아주 웅장한 저택이 보였다. 저택의 이름은 아름다움 Beautiful 이었다.

크리스천은 하룻밤 묵고 갈 생각으로 저택을 향해 서둘러 걸음을 옮겼다. 얼마 가지 않아 아주 좁은 길로 접어들었는데, 그 길에서 200미터쯤 떨어진 곳에 문지기의 오두막이 보였다. 그런데 그 좁은 길 앞에 사자 두 마리가 버티고 서 있는 게 눈에 들어왔다. 불신과 겁쟁이가 말했던 그 사자들이었다. (사자들은 사슬에 묶여 있었지만 크리스천은 사슬을 보지 못했다.) 크리스천은 겁이 덜컥 났다. 이대로 가다간 갈기갈기 찢겨 죽을 게 뻔해 보였다. 도망쳐 달아날까 하는 생각마저 들었다.

그때 파수꾼 Watchful 이라는 이름의 문지기가 겁을 먹고 달아날 것처럼 보이는 크리스천을 발견하고 소리쳤다. 막 13:34 "왜 그렇게 용기가 없습니까? 사자들은 사슬에 묶여 있으니 두려워할 필요가 없습니다! 사자들은 믿음이 있는지 없는지 시험하려고 거기에 있는 것일 뿐입니다! 조심해서 한가운데로만 지나가면 아무런 해도 겪지 않을 것입니다!"

사자들은 사슬에 묶여 있으니
두려워할 필요가 없습니다!
사자들은 믿음이 있는지 없는지
시험하려고 거기에 있는 것일 뿐입니다!

크리스천은 사자가 무서워 벌벌 떨면서도 문지기의 지시를 따라 조심스럽게 앞으로 걸어갔다. 사자들은 크리스천을 금방이라도 잡아먹을 듯 으르렁거렸지만 과연 그의 털끝 하나 건드리지 못했다. 사자들 사이를 무사히 통과한 크리스천은 손뼉을 치며 기뻐했다.

저택 문 앞에 이른 크리스천이 문지기에게 말했다. "이곳은 어떤 집인가요? 혹시 여기서 하룻밤 묵어도 되겠습니까?" 그러자 문지기가 대답했다. "이 집은 산의 주인께서 순례자들이 안전하게 쉬며 몸과 마음을 회복하라고 지으신 집입니다." 문지기는 크리스천에게 어디서 와서 어디로 가는지 물었다.

크리스천 ＾ 저는 멸망의 도시에서 시온산으로 가는 길입니다. 해가 저물어 더 이상 길을 갈 수 없게 되었습니다. 하룻밤만 묵게 해 주실 수 있을까요?

문지기 ＾ 이름이 어떻게 되시나요?

크리스천 ＾ 지금은 크리스천이지만 원래는 구제불능^{Graceless}이었습니다. 하나님이 셈의 장막에 거하게 하신 야벳의 후손이지요. ^{창 9:27}

문지기 ＾ 그런데 어쩌다 이렇게 늦은 시간에 오셨나요? 해가 이미 저물었지 않습니까?

크리스천 ＾ 좀 더 빨리 올 수도 있었는데 어리석게도 산 중턱에 있던 정자에서 곯아떨어지고 말았지 뭡니까. 그렇다 해도 이렇게까지 늦지는 않았을 텐데 잠을 자다가 제 통행증인 두

루마리를 잃어버리고, 그것도 모른 채 산꼭대기까지 올라
오고 말았습니다. 그제야 두루마리가 없어진 줄 알고서
정신없이 왔던 길을 내려갔지요. 잠들었던 곳에서 겨우
그것을 찾느라 이제야 이곳에 이르게 된 겁니다.

문지기　그렇군요. 자, 이 댁의 자녀들 가운데 아가씨 한 분을 불
러 드리겠습니다. 아가씨가 당신의 이야기를 듣고 마음에
든다면 다른 가족을 소개해 주실 겁니다. 이것이 이 집안
의 방식이지요.

그리하여 문지기가 초인종을 누르자 분별^{Discretion}이라고 하는 진
지한 얼굴의 아리따운 아가씨가 문을 열고 나와 무슨 일인지 물었다.

문지기가 대답했다. "이분은 멸망의 도시에서 시온산으로 가는
중입니다. 하지만 피곤하고 날도 이미 저물어 여기서 하룻밤만 묵기
를 청하셨습니다. 그래서 아가씨가 이야기를 해 보고 마음에 들면
허락해 드리는 것이 이 집안의 방식이라고 설명을 드렸지요."

분별은 그에게 어디로 와서 어디로 가고 있는지 물었고, 크리스
천은 자신이 어떻게 해서 이 길을 떠나게 되었는지 대답해 주었다.
그녀는 여정 중에 무엇을 보고 누구를 만났는지 물었고, 그는 그가
보고 만난 사람에 대해 이야기해 주었다. 마지막으로 그녀가 이름을
묻자 크리스천은 이렇게 대답했다. "제 이름은 크리스천입니다. 이
집은 산의 주인께서 순례자들이 안전하게 쉴 수 있도록 지으신 곳이
라고 들었습니다. 그러니 부디 하룻밤만 묵어갈 수 있기를 간곡히

부탁드립니다.”

분별은 크리스천의 이야기를 듣고 빙그레 미소를 지었는데 눈가에는 눈물이 맺혀 있었다. 그녀는 잠시 뜸을 들인 뒤 다시 입을 열었다. “가족들을 두세 명 더 불러 올게요.”

그녀는 문 안으로 들어가 경건Piety과 신중Prudence, 자비Charity를 불렀다. 그들은 크리스천과 잠시 대화를 나누더니 나머지 가족들도 데리고 왔다. 온 가족이 문 앞에 나와 크리스천을 반겨 주었다. “주님께 축복을 받은 분이여, 어서 오세요. 이 집은 산의 주인께서 형제님 같은 순례자를 위해 지으신 곳이랍니다.”

크리스천은 인사를 하고 그들을 따라 집 안으로 들어갔다. 크리스천이 자리에 앉자 마실 것을 가져다주었고, 가족 가운데 몇 사람이 남아 저녁 식사가 준비될 때까지 크리스천의 말동무가 되어 주기로 했다. 그리하여 경건과 신중, 자비가 크리스천 옆에 앉아 대화를 나누었다.

경건   선한 순례자님, 오늘밤 저희가 이곳에서 지내게 해 드렸으니 형제님도 저희의 부족한 견문을 넓혀 주시면 감사하겠어요. 순례의 길에서 어떤 일을 겪으셨는지 이야기해 주시겠어요?

크리스천   기꺼이 그렇게 하겠습니다. 이렇게 환대해 주시니 정말 감사할 뿐입니다.

경건   어떻게 순례의 길에 오르신 건가요?

크리스천 ╱ 고향에 계속 머물다가는 멸망을 피할 수 없을 거라는 무
시무시한 소리가 제 귀에서 계속 맴도는 바람에 도망치듯
고향을 빠져나왔습니다.

경건 ╱ 그렇다면 어떻게 해서 이 길까지 오시게 되었나요?

크리스천 ╱ 다 하나님의 은혜지요. 멸망의 두려움에 사로잡혀서 어디
로 가야 할지 몰라 울며 벌벌 떨고 있을 때 우연히 한 사
람을 만나게 되었습니다. 그분의 이름은 전도자였어요.
전도자께서 제게 좁은 문으로 가라고 알려 주셨습니다.
그분이 아니었다면 절대 이 길로 오지 못했을 겁니다. 이
길을 따라 계속 오다 보니 이 집에 이르게 되었습니다.

경건 ╱ 혹시 해석자의 집은 들르지 않으셨나요?

크리스천 ╱ 네, 그곳을 지나왔습니다. 그리고 거기에서 평생 잊을 수
없는 것들을 보았습니다. 그 가운데 세 가지는 지금도 생
생합니다. 첫째는 마귀의 방해에도 불구하고 그리스도께
서 사람들의 마음에 은혜가 지속되도록 일하시는 모습이
었습니다. 둘째는 은혜를 맛보고도 계속해서 정욕을 따라
죄를 지어 하나님의 자비를 기대할 수조차 없게 된 사람
이었고요. 그리고 셋째는 다가올 심판에 관한 꿈을 꾼 사
람입니다.

경건 ╱ 그 사람에게서 꿈 이야기를 들으셨나요?

크리스천 ╱ 네, 들었습니다. 참으로 무서운 이야기였지요. 고통스러
운 이야기였지만 듣기를 잘했다고 생각합니다.

경건 　／　해석자의 집에서 본 것이 그게 다인가요?

크리스천 　／　아닙니다. 웅장한 궁전도 보았답니다. 그곳에는 황금빛 옷을 입은 사람들이 있었습니다. 그때 한 용감한 남자가 문을 막아선 무장한 군사들을 뚫고 궁전 안으로 들어갔지요. 남자는 환영을 받고 들어가 영원한 영광을 얻었습니다. 제 가슴이 다 벅차더군요. 생각 같아선 그 선한 분의 집에 열두 달 내내 머물고 싶었지만 가야 할 길이 남았기에 눈물을 머금고 나왔습니다.

경건 　／　오시는 길에 또 무엇을 보셨나요?

크리스천 　／　아, 얼마 가지 않아서 나무에 매달려 피를 흘리시는 분을 보았습니다. 그분을 바라보기만 했는데도 오랫동안 제 등에 매달려 있던 무거운 짐이 벗겨져 나갔지요. 허리가 휠 정도로 무거워서 괴로웠던 짐이 그분을 뵙는 순간 순식간에 떨어져 나갔습니다. 한 번도 경험하지 못한 일이기에 너무도 놀라웠습니다.

넋을 잃고 십자가를 바라보고 있는데 빛나는 세 천사가 제게 다가왔습니다. 그 가운데 한 천사가 제 죄가 용서를 받았다고 했지요. 그러자 또 한 천사가 제 누더기 옷을 벗기고 지금 입고 있는 이 수놓은 옷을 입혀 주었습니다. 마지막 한 천사가 제 이마에 보이는 이 표를 찍고 이 봉인된 두루마리를 주었고요.

이 말을 마친 그는 품속에서 두루마리를 꺼내 보여 주었다.

경건 ╱ 그밖에도 보고 겪으신 일들이 많으실 것 같아요.

크리스천 ╱ 지금까지 말씀드린 것들이 가장 인상 깊은 일들이었습니
다. 하지만 그밖에 몇 가지 일들이 더 있었지요. 단순과
나태, 거만이라는 세 사람이 족쇄를 발에 찬 채 길가에서
자고 있는 모습을 봤습니다. 제가 깨우려고 해 봤지만 소
용이 없더군요. 또 허례와 위선이라는 사람이 담을 넘어
오는 모습도 봤지요. 그들도 시온산으로 갈 것처럼 굴긴
했지만 제 말을 듣지 않고 가더니 금방 길을 잃고 말았습
니다.

그건 그렇고 이 곤고의 산을 오르는 일이 정말 힘들더군
요. 이를 갈던 사자 옆을 바로 곁에서 지나는 일도 아찔했
습니다. 정말이지 선한 문지기 양반이 아니었다면 아마
저는 포기하고 돌아갔을지도 모르겠습니다. 하지만 결국
이곳까지 오게 되었으니 참으로 하나님께 감사드립니다.
또한 저를 환영해 주신 여러분에게도 정말 감사합니다.

이번에는 신중이라는 이름의 아가씨가 몇 가지 질문을 던졌다.

신중 ╱ 순례자님, 가끔 떠나온 고향이 생각나지 않으신가요?

크리스천 ╱ 물론 생각납니다. 하지만 떠올릴 때마다 드는 감정은 부

끄럽고 불편한 마음입니다. 돌아가려고 마음을 먹었다면 얼마든지 돌아갈 기회도 있었지요. 하지만 지금 저는 더 좋은 본향, 곧 하늘에 있는 본향을 사모하고 있습니다. ^히 11:15-16

신중 　그래도 아직 고향을 생각하고 그리워하는 마음이 남아 있으시지 않나요?

크리스천 　그렇습니다. 하지만 정말이지 제가 원하는 바는 아닙니다. 특히, 저를 비롯해서 고향 사람들이 모두 즐기던 정신적, 육신적인 생각을 버리기가 참으로 힘드네요. 물론 지금은 그런 생각을 할 때마다 즐겁기는커녕 괴롭습니다. 할 수만 있다면 이런 악한 것들을 더 이상 생각하고 싶지 않아요. 저는 선한 일을 행하고 싶지만 제 안에는 어쩔 수 없이 악이 도사리고 있습니다. 롬 7:21

신중 　그래도 때로는 그런 혐오스러운 죄들이 사라진 것처럼 느껴지시지 않나요?

크리스천 　그렇습니다. 물론 그런 경우가 드물기는 하지만, 그런 일이 일어나는 순간이 제게는 얼마나 귀중한지 모릅니다.

신중 　어떨 때에 그런 혐오스러운 죄들이 사라진 것처럼 느껴지시나요?

크리스천 　십자가를 생각하거나 제 자수 옷을 볼 때 그렇습니다. 제가 품에 지니고 다니는 두루마리를 들여다볼 때도 그렇고요. 특히 제가 향하고 있는 곳을 생각하면 마음이 편안해

집니다.

신중 ／ 순례자님이 시온산에 그토록 가시려는 이유는 무엇인가요?

크리스천 ／ 십자가에서 죽으셨던 주님이 살아 계신 모습을 보고 싶기 때문입니다. 지금까지 저를 괴롭히던 모든 죄악이 그곳에서는 완전히 사라질 거라는 소망도 있고요. 그곳에는 죽음이 없다고 하더군요.^{사 25:8; 계 21:4} 그리고 그곳에서는 제가 사랑하는 사람들과 영원히 함께 살 수 있다고 합니다. 저는 제 짐을 벗겨 주신 그분을 진심으로 사랑합니다. 그곳에 가면 제 안의 이 지긋한 악에서 벗어날 수 있을 것입니다. 죽음이 없는 그곳에서 사랑하는 이들과 함께 "거룩하다, 거룩하다, 거룩하다"라고 영원토록 찬송할 순간이 너무도 기다려지는군요.

이번에는 자비라는 아가씨가 크리스천에게 말을 걸었다.

자비 ／ 순례자님, 가족은 있으신가요? 결혼은 하셨어요?

크리스천 ／ 네, 아내와 어린 네 자녀가 있습니다.

자비 ／ 그렇다면 왜 함께 오시지 않았나요?

크리스천 ／ 얼마나 같이 오고 싶었는지요. 하지만 다들 저의 순례 길을 결사적으로 반대했지요.

자비 ／ 그렇다 해도 그곳에 닥칠 위험을 정확히 알려 주셨어야 하는 것 아닌가요?

크리스천 ― 물론 그렇게 했습니다. 하나님이 제게 우리 도시의 멸망
을 보여 주셨다고 분명히 말했습니다. 하지만 제 말을 끝
까지 실없는 소리로 알고 믿지 않더군요. ^{창 19:14}

자비 ― 하나님께 가족의 마음을 움직여 달라고 기도하셨나요?

크리스천 ― 그럼요. 간절히 기도했습니다. 제게는 세상 누구보다도
소중한 아내와 자녀니까요.

자비 ― 다가올 심판으로 인해 순례자님이 느낀 슬픔과 두려움을
전하셨나요? 순례자님의 눈에는 다가올 멸망이 분명히 보
이셨을 테니 말이에요.

크리스천 ― 물론이지요. 수도 없이 제가 느끼는 두려움을 표현했습
니다. 제 어두운 표정과 눈물, 떨리는 몸을 통해 언제 닥
칠지 모르는 심판에 대한 두려움과 걱정이 분명 전해졌을
것입니다. 하지만 그래도 소용이 없더군요. 그들은 도무
지 저와 함께 갈 생각을 하지 않았어요.

자비 ― 도대체 그들은 왜 순례자님을 따라나서지 않았을까요?

크리스천 ― 아내는 이 세상의 쾌락을 놓칠까 봐 두려워했고, 아이들
은 아이들대로 젊은 날의 어리석은 쾌락에 빠져 있었지
요. 그래서 결국 저만 홀로 길을 떠나게 된 것입니다.

자비 ― 혹시 순례자님의 삶이 일그러져 있던 것은 아닌가요? 그
래서 가족들이 순례자님의 말을 신뢰하지 못한 것은요?

크리스천 ― 네, 알고 있습니다. 제 행실이 바르지 못하면 제가 하는
어떤 말도 아무런 소용이 없다는 것을요. 제가 모든 면에

바르게 살았다고는 말하지 못하겠습니다. 많은 잘못을 저질렀지요. 하지만 이것만큼은 양심에 거리낌 없이 말씀드릴 수 있어요. 순례에 반감을 가지게 할 만한 그 어떤 그릇된 행동도 하지 않으려고 무척이나 조심했다고 말입니다. 그런데 가족들은 도리어 제가 너무 유난을 떤다고 하더군요. 남들도 다 짓는 죄를 저 혼자 꺼리며 고상한 성인군자처럼 군다고 말입니다. 하나님 앞에서 죄를 짓지 않고 사람들에게도 잘못을 행하지 않으려고 노력한 일이 비난이 되어 돌아올 줄은 생각지도 못했습니다.

자비 ╱ 순례자님의 말이 이해가 되는군요. 가인이 아벨을 미워한 이유도 자신의 행실은 악한데 동생의 행실은 의로웠기 때문이니까요. 아내와 자녀들이 그런 일로 순례자님의 말을 받아들이지 않았다면 그들이 선해지기란 힘들 것 같군요. 가족들의 피로부터 순례자님의 영혼을 구한 것만 해도 다행입니다. 요일 3:12; 겔 3:19

꿈에서 보니 크리스천과 아가씨들은 저녁 식사가 준비될 때까지 앉아서 대화를 나누었다. 식사가 준비되자 그들은 식탁에 둘러앉았다. 식탁에는 기름진 음식과 잘 빚어진 포도주가 차려져 있었고, 그들은 저녁을 먹는 내내 이 산의 주인에 관해 이야기했다. 그분이 행하신 일들과 그분이 아름다운 저택을 지으신 이유들에 대한 이야기였다.

가만히 들어보니 그분은 죽음의 권세를 지닌 자와 싸워 그를 영원히 멸망시킨 위대한 전사였다.^{히 2:14-15} 나는 주님이 그 큰 위험을 무릅쓰면서까지 그자와 싸워 이기셨다는 사실에 그분을 더욱 사랑하지 않을 수 없었다.

그들은 주님이 엄청나게 많은 피를 흘리셨다고 말했다. 하나님 나라를 향한 순수한 사랑으로 그렇게 목숨을 거셨으니 이 얼마나 위대하신 분인가. 그리고 그들 가족 가운데 몇 사람은 주님이 십자가에서 죽으신 뒤에도 만나 이야기를 나누었는데, 그분은 가엾은 순례자들을 깊이 사랑하신다고 했다. 그들은 주님과 같은 분은 온 세상에 다시없을 것이라고 말했다.

그들은 주님이 불쌍한 자들을 구하기 위해 버리신 영광이 그 사랑의 증거라고 말했다. 또한 그들의 증언에 따르면 그분은 홀로 시온산에서 편하게 지내지 않겠다고 하셨으며, 거름 더미에서 살던 가난한 순례자들을 영광스런 왕자처럼 대우해 주시겠다는 말씀까지 직접 들려주셨다고 했다.^{삼상 2:8; 시 113:7}

밤늦게까지 대화를 나눈 그들은 하나님께서 보호해 주시길 기도드린 뒤에 각자의 방으로 돌아갔다. 그들은 크리스천에게 해 뜨는 쪽으로 창문이 나 있는 2층의 큰 방을 내주었다. 방의 이름은 평화Peace였다. 그 방에서 동이 틀 때까지 푹 잔 크리스천은 잠에서 깨어 이렇게 노래했다.

지금 내가 있는 이곳은 어디인가?

가엾은 순례자들에게

주님의 사랑과 돌봄을 허락하신 이곳.

하나님께 내 죄 용서받았으니

이미 천국 문 앞에 이른 것과 다름없다네.

아침이 오자 모두 일어나 전날 밤에 못다 한 대화를 나누었다. 그들은 크리스천에게 아름다움 저택에 있는 진귀한 것들을 꼭 보고 가라고 권했다. 먼저 그들은 크리스천을 서재로 데려가 아주 오래된 기록들을 보여 주었다. 내 기억이 맞다면, 그들이 처음 보여 준 기록은 이 산 주인의 족보였다. 그 족보에 따르면 산의 주인은 옛적부터 계셨고 영원토록 항상 계신 분의 아들이라고 했다. 이외에도 그 족보에는 그분의 행적과 더불어 그분이 사역을 맡기신 수많은 종의 이름이 적혀 있었고, 그들을 세월이나 그 어떤 자연현상에도 영향을 받지 않는 영원한 거처에 살게 하셨다고 기록되어 있었다.

그러고 난 다음에는 그분의 종들이 행한 훌륭한 일들에 대해 읽어 주었다. 예를 들어 그들이 어떻게 여러 왕국을 정복하고 의를 이루며 약속의 성취를 거두었는지, 또 어떻게 사자의 입을 막고 맹렬한 불을 끄며 칼날을 피하고 약한 자에서 강한 자로 변하였는지, 또 어떻게 싸움에서 용사를 이기고 적군을 물리쳤는지에 대한 이야기였다. 히 11:33-34

계속해서 그들은 산의 주인에 관한 또 다른 기록을 읽어 주었다. 기록에 따르면 그들의 주인은 누구든지, 심지어 자신의 인격과 행적을 심하게 모욕한 자들까지도 기꺼이 포용하시는 분이었다. 크리스천은 다른 유명한 일들에 관한 기록도 훑어보았다. 그 가운데는 오래전의 일도 있고 최근의 일도 있었으며 성취된 예언들도 기록되어 있었다. 이 모든 기록들이 적들에게는 두려움과 놀라움을 일으키지만, 동시에 순례자들에게는 위로와 용기가 되었다.

다음 날, 그들은 크리스천을 무기고로 데려가 주님이 순례자들을 위해 마련해 두신 검, 방패, 투구, 호심경, 모든 기도, 해어지지 않는 전투화와 같은 온갖 전투 장비를 보여 주었다. 무기고에는 주님을 섬기는 사람이 하늘의 별처럼 많다고 해도 다 무장시킬 수 있을 만큼 많은 무기들이 있었다.

그들은 주님의 종들이 놀라운 일을 행할 때 사용했던 여러 병기도 보여 주었다. 예를 들어, 모세의 지팡이, 야엘이 시스라를 죽일 때 사용했던 방망이와 말뚝, 기드온이 미디언 군대를 물리칠 때 사용했던 항아리와 나팔, 횃불이 있었다. 삼갈이 블레셋 사람 600명을 죽일 때 사용했던 소 모는 막대기, 삼손이 전쟁에서 엄청난 공적을 세울 때 사용했던 나귀 턱뼈, 다윗이 가드 사람 골리앗을 죽일 때 사용했던 물매와 돌, 주님이 죄인을 심판하실 때 사용하실 검도 보였다. 그 외에도 크리스천이 보고 기뻐할 만한 훌륭한 무기가 많았다. 날이 저물도록 한참 동안이나 무기 구경을 마친 그들은 다시 잠자리에 들었다.

내가 꿈에서 보니, 다음 날 아침 크리스천은 길 떠날 채비를 했다. 하지만 그 집의 사람들은 하룻밤을 더 묵기를 청하며 이렇게 말했다. "내일 날씨가 좋으면 기쁨 산맥^{Delectable Mountains}을 보여 드리겠습니다." 그 산은 이곳보다 시온산에 더 가깝기 때문에 훨씬 더 큰 위안을 받을 거라고 했다. 크리스천은 제안을 기꺼이 받아들이고 하루를 더 묵기로 했다.

아침이 밝자 그들은 크리스천을 아름다움 저택의 가장 높은 곳으로 데려가 남쪽을 바라보라고 말했다. 저 멀리에는 더없이 아름다운 산악 지대가 펼쳐져 있었다. 울창한 숲과 포도원, 온갖 과일, 꽃, 샘과 강이 흐르는 모습이 보기만 해도 기분이 좋아졌다.^{사 33:16-17} 크리스천이 그 지역의 이름을 묻자 임마누엘의 땅^{Immanuel's Land}이라는 대답이 돌아왔다. "이 산과 마찬가지로 저 땅도 모든 순례자에게 열려 있어요. 저곳에 이르면 천국의 문을 보실 수 있을 거예요. 그곳에 사는 목자들이 그 문을 보여 줄 것입니다."

이제 정말 크리스천이 떠나려고 하자 그 집 사람들은 그의 뜻에 기꺼이 수긍하면서도 마지막 한 가지를 더 제안했다. "저희와 마지막으로 무기고에 한 번 더 들렀다 가세요." 무기고에서 그들은 길 위에서 어떤 공격을 당하더라도 끄떡없도록 머리끝에서 발끝까지 크리스천을 무장시켰다.

그리하여 완전무장을 한 크리스천은 그들과 함께 문 앞에 이르렀고, 문지기에게 그동안 지나가는 순례자가 없었는지 물어보았다. 그러자 문지기가 있었노라고 고개를 끄덕였다.

크리스천 ✓ 그래요? 혹시 아는 사람이었나요?

무기고에서 그들은 길 위에서

어떤 공격을 당하더라도 끄떡없도록

머리끝에서 발끝까지

크리스천을 무장시켰다.

문지기　／　이름을 물어봤더니 신실^{Faithful}이라고 하더군요.

크리스천　／　아, 그렇습니까? 제가 아는 사람이에요. 제 고향 사람으로 한 동네에 살았지요. 그는 지금쯤 어디까지 갔을까요?

문지기　／　아마 지금쯤이면 산 아래에 이르렀을 겁니다.

크리스천　／　문지기님, 고맙습니다. 제게 친절을 베풀어 준 당신에게 하나님이 함께하시고 날마다 더 큰 복을 내려 주시길 기도하겠습니다.

드디어 크리스천이 길을 나설 준비를 마쳤다. 경건과 분별, 자비, 신중 자매들은 산 아래까지 배웅해 주려고 함께 길을 떠났다. 그들은 이전에 나누던 이야기들을 계속하며 산 아래까지 내려올 수 있었다. 크리스천이 산 아래를 내려다보더니 말했다. "올라오는 것도 힘들었지만 내려가는 길도 만만치 않게 위험해 보이는군요."

"맞아요. 겸손의 골짜기^{Valley of Humility}로 내려가는 길은 미끄러지지 않고 가기가 아주 어려운 길이지요. 그래서 저희가 함께 가겠다고 나선 거랍니다." 신중이 말했다. 크리스천은 아주 조심조심 내려갔지만 결국 한두 번 미끄러지고 말았다.

그때 꿈에서 보니, 산 아래에 이르자 이 선한 벗들은 크리스천에게 빵 한 덩이와 포도주 한 병, 건포도 한 송이를 건넸다. 그 선물을 받아든 크리스천은 순례의 길을 이어 갔다.

이기지 않고는 지날 수 없는 골짜기

맹렬하나 승산 있는 싸움

겸손의 골짜기에서 불쌍한 크리스천은 곧 큰 위험을 만나고 말았다. 얼마 가지도 않아서 흉악한 마귀가 벌판 위로 다가오는 게 보였다. 마귀의 이름은 아볼루온 Apollyon 이었다. 크리스천은 덜컥 겁이 나기 시작했다. 이대로 도망가야 할지 이판사판으로 맞서야 할지 몰라 정신이 아득해졌다. 그러다 문득, 등에는 갑옷을 걸치지 않았다는 데 생각이 미쳤다. 그렇다면 등을 보이면 더 쉽게 창에 찔릴 수밖에 없었다. 그래서 크리스천은 용기를 내서 마귀에게 맞서기로 결심했다. 살기 위해서라도 맞서는 게 최선이었다.

그리하여 크리스천은 계속 앞으로 나아가 결국 아볼루온과 맞섰다. 가까이에서 보니 아볼루온은 쳐다보기만 해도 소름이 끼칠 정도로 흉측했다. 물고기처럼 비늘이 달린 옷을 입고 있었는데 그 비늘은 놈의 자랑거리였다. 등에는 용처럼 날개가 달렸고, 다리는 곰의 다리처럼 위압적이었으며, 배에서는 불과 연기가 뿜어져 나왔다. 입은 그야말로 사자의 입 같았다. 크리스천 앞에 이른 놈은 거들먹거리는 표정으로 질문을 던지기 시작했다.

아볼루온 너는 어디서 와서 어디로 가는 녀석이냐?

크리스천 나는 악의 소굴인 멸망의 도시에서 나와 시온산으로 가는 중이다.

아볼루온 그렇다면 너는 내 백성이로구나. 멸망의 도시는 내 소유이니 말이다. 내가 그 땅의 왕이요 신이다. 그런데 어찌 왕에게서 도망을 쳤느냐? 다시 내게 충성하지 않겠다면 지금 당장 너를 없애 버리겠다.

크리스천 물론 내가 네 영토에서 태어났지만 네 통치는 참으로 가혹했고, 네가 주는 품삯으로는 도저히 살아갈 수 없었다. 죄의 삯은 사망이기 때문이다.^{롬 6:23} 그래서 나도 이제 여느 분별 있는 사람들처럼 살 길을 찾아 나선 것이다.

아볼루온 이 세상에 자기 백성이 도망가도록 가만히 놓아주는 왕은 어디에도 없다. 나는 절대 너를 놓아주지 않을 것이다. 단, 내 통치와 품삯이 마음에 들지 않는다면 안심하고 돌아가도 좋다. 여력이 닿는 대로 네 요구를 들어주겠다.

크리스천 미안하지만 나는 이미 다른 왕께 마음을 드렸다. 그분은 왕 중의 왕이시다. 그러니 어찌 네게 돌아갈 수 있겠느냐?

아볼루온 그야말로 여우를 피하려고 호랑이에게로 간 격이구나. 그 자의 백성이 되겠다고 자처하다가 얼마 가지 않아 그를 배신하고 내게로 돌아오는 자들을 나는 수도 없이 보았다. 너 역시 지금이라도 돌아온다면 이번 일은 문제 삼지 않겠다.

크리스천 나는 이미 그분을 믿기로 하고 그분께 충성을 맹세했다. 그런 내가 그분에게서 돌아서면 교수형을 당할 배신자가 되는 것이다.

아볼루온 너는 나를 한 번 배신하지 않았느냐? 한 번 배신한 녀석이 다시 한 번 더 배신하는 게 어려운 일이겠느냐? 자, 지금이라도 내게 돌아오기만 하면 기꺼이 눈감아 주겠다.

크리스천 내가 너에게 충성했던 일은 철없던 어린 시절의 일이다. 지금 내가 섬기는 왕은 너를 따랐던 과거를 분명히 용서해 주실 것이다. 그리고 이 망할 아볼루온아, 그 사실을 아느냐? 그분의 일과 품삯, 그분의 종들, 그분의 동행하심과 통치하심, 그분의 나라는 너의 그것과는 결코 비교할 수가 없다. 그러니 더 이상 나를 설득하려고 하지 마라. 나는 하나님의 종이다. 나는 오직 그분만을 따를 것이다.

아볼루온 어리석은 자여, 자, 흥분을 가라앉히고 생각해 보거라. 네가 이 길로 계속 가면 무엇을 만날지 말이다. 그자를 섬기는 자들은 나와 내 뜻을 어긴 탓에 끔찍한 결말을 맞고 말 것이다. 그를 따르다 비참하게 죽은 자가 어디 한둘인 줄 아느냐? 게다가 그자는 내게서 자기 백성을 구하러 온 적이 단 한 번도 없다. 그런데도 그자를 섬기는 게 낫다는 말이냐? 하지만 나는 다르다. 내가 힘으로든 속임수로든 내게 충성했던 자들을 그자로부터 얼마나 많이 구해 냈는지 온 세상이 다 아는 바다. 이번에도 내가 너를 그자의 손에서 꼭 구해 내고 말겠다.

크리스천 — 그분이 지금 당장 백성들을 구하러 오시지 않는 것은 그분의 백성이 끝까지 충성할 수 있는지 시험하시기 위해서다. 너는 그들이 비참한 최후를 맞았다고 말하지만, 그들에게 그 죽음이야말로 가장 큰 영광인 것을 모른단 말이냐. 그들은 현재의 구원에 연연하지 않고 다가올 영광을 기다리기 때문이다. 진정한 왕께서 천사들과 함께 다시 오실 때 마침내 그들은 영광을 얻게 될 것이다.

아볼루온 — 너는 이미 그자에게 불충했지 않느냐? 그런데 어떻게 품삯을 받겠다고 뻔뻔하게 기대하는 것이냐?

크리스천 — 내가 언제 그분께 불충했다는 말이냐?

아볼루온 — 벌써 잊었느냐? 너는 절망의 늪에 빠져 죽을 뻔했을 때 마음이 흔들렸지 않느냐? 또 왕이 짐을 벗겨 줄 때까지 기다려야 했는데 그릇된 방법으로 짐을 벗으려고 했었지 않느냐? 그뿐이더냐? 어리석게 잠을 자다가 네 품에 있던 귀한 물건도 잃어버렸지 않느냐? 이를 갈던 사자를 보자마자 도망갈 생각을 했고 말이다. 그리고 나는 다 알고 있다. 사람들 앞에서 순례의 길에서 보고 들은 것을 이야기하면서 네가 속으로 은근히 우쭐거렸던 것을 말이다!

크리스천 — 그래. 모두 사실이다. 네가 말한 것 말고도 내가 저지른 잘못은 훨씬 더 많다. 하지만 내가 섬기고 사모하는 왕께서는 자비로우셔서 내 모든 잘못을 다 용서해 주실 것이다. 네 나라에서 살 때는 언제나 그런 죄에 사로잡혀 괴로웠지. 하지만 이제 나의 왕께서 그 모든 것을 다 용서해 주셨다.

그 순간, 아볼루온이 불같이 화를 내며 금방이라도 달려들 것처럼 굴었다.

아볼루온 〈 나는 그자의 적이다! 그자와 그자의 법, 그자의 백성을 증오한다. 오늘 너를 살려 두지 않겠다!
크리스천 〈 이 괴물아, 각오해라! 나는 왕의 거룩한 길로 가는 자이니 조심하는 게 좋을 거다.
아볼루온 〈 (길 전체를 완전히 가로막고 서서) 그런 말을 하다니 우습구나. 네 놈이나 죽을 준비를 하거라. 나의 지옥을 두고 맹세하는데, 너는 여기서 한 발자국도 더 나가지 못할 것이다. 오늘 네 영혼을 거두어 가겠다.

그 말이 끝나기가 무섭게 아볼루온은 활활 타오르는 불창을 던졌다. 하지만 크리스천은 손에 들고 있던 방패로 재빨리 막아 냈다. 이번에는 크리스천이 검을 뽑아 들었다. 하지만 아볼루온이 틈도 주지 않고 마치 하늘에서 떨어지는 우박처럼 창을 쏟아부었다. 놀란 크리스천은 피하려고 안간힘을 썼지만 결국 머리와 팔, 다리에 상처를 입고 말았다. 그 바람에 크리스천이 주춤하자 아볼루온은 기다렸다는 듯이 맹공을 퍼부었다. 하지만 크리스천은 다시 용기를 내어 있는 힘껏 공격을 막았다.

이 치열한 전투는 반나절이 넘게 지속되어, 결국 크리스천의 체력은 거의 바닥이 났다. 상처를 입은 크리스천은 점점 약해져 갔다. 아볼루온은 그 틈을 놓치지 않고 재빨리 크리스천을 붙잡아 내동댕이쳤다. 그 바람에 크리스천의 검이 손에서 빠져 날아가 버렸다. "자, 이제 너는 끝장이다!"

그 외침과 함께 아볼루온의 결정타가 날아왔고, 그 순간 크리스천의 머릿속에는 '이젠 죽었구나' 하는 생각이 들었다. 하지만 아볼루온이 이 선한 사람의 목숨을 끝내려고 최후의 일격을 가하는 순간, 하나님의 도우심으로 크리스천은 재빨리 검을 잡고 외쳤다. "나의 대적이여, 나로 말미암아 기뻐하지 말지어다! 나는 엎드러질지라도 일어날 것이다!"미 7:8

크리스천은 아볼루온의 몸 깊숙이 검을 찔렀다. 치명적인 상처를 입은 아볼루온은 뒤로 나자빠졌다. 그것을 본 크리스천이 다시 외쳤다. "그러나 이 모든 일에 우리를 사랑하시는 이로 말미암아 우리가 넉넉히 이기느니라!"롬 8:37

결국 아볼루온은 용의 날개를 활짝 펴고 도망쳐 버렸고, 그 뒤로 크리스천은 다시는 그를 볼 수 없었다. 약 4:7

나처럼 꿈을 통해 보고 듣지 않았다면 이 전투 내내 아볼루온이 냈던 지옥 같은 포효와 소름 끼치는 목소리를 상상조차 할 수 없을 것이다. 그리고 크리스천의 폐부에서 터져 나온 탄식과 신음 소리도 얼마나 처절했는지 모른다. 크리스천은 양날의 검으로 아볼루온에게 큰 상처를 입힌 것을 확인하기 전까지 한 번도 환한 표정을 짓지 않았다. 아볼루온을 무찌른 뒤에야 비로소 그는 미소를 지으며 하늘을 향해 고개를 들었다. 비록 전투는 끝났지만 그것은 내 평생 가장 끔찍한 광경이었다.

전투를 끝낸 크리스천은 이렇게 말했다. "사자의 입에서 나를 구해 내시고 아볼루온을 무찌르게 도와주신 하나님께 감사를 드립니다." 그는 감사의 찬양을 올려 드렸다.

이 마귀의 두목, 바알세불 대왕이
나를 죽이려고 마음을 먹었지.
그래서 그놈을 무장시켜 내게 보냈네.
불같이 노한 그놈,
우리는 지옥같이 맹렬한 전투를 벌였지.
하지만 축복받은 미카엘이 나를 도운 덕분에
단칼에 녀석을 쫓아 버렸다네.
그분께 영원한 찬양을 올려 드리네.
그분의 거룩한 이름을 영원히 높이세.

그때 생명나무 잎사귀를 든 손이 그의 앞에 나타났다. 크리스천이 그 잎사귀를 받아 상처에 바르자 상처가 즉시 아물었다. 이제 그는 자리에 앉아 아까 받은 빵과 포도주를 먹었다. 이내 힘을 얻은 그는 다시 채비를 하고 손에 검을 들고 길을 출발했다. "언제 또 적을 만날지 모르잖아." 하지만 이 골짜기를 통과하는 내내 아볼루온의 도발은 더 이상 없었다.

겸손의 골짜기 끝에 이르자 이번에는 사망의 음침한 골짜기^{Valley of the Shadow of Death}라고 하는 또 다른 골짜기가 나타났다. 천성으로 가는 길이 그 한가운데를 통과하기 때문에 그 골짜기를 피해 갈 수는 없었다. 사망의 음침한 골짜기는 매우 인적이 드문 곳이었다. 그래서 일찍이 예레미야 선지자는 그 골짜기를 이렇게 묘사했다. "광야 곧 사막과 구덩이 땅, 건조하고 사망의 그늘진 땅, 사람이 그곳으로 다니지 아니하고 그곳에 사람이 거주하지 아니하는 땅."^{렘 2:6} 여기서 크리스천은 아볼루온과의 싸움보다도 더 힘든 시험에 처하게 된다.

꿈에서 보니, 사망의 음침한 골짜기 입구에 이른 크리스천은 거기서 두 남자를 만났다. 그들은 선한 땅을 두고 악한 소문을 내는 자들의 자손이었는데,^{민 13:27-33} 황급히 돌아가는 그들을 보고 크리스천이 말을 걸었다.

크리스천 어디로 가시는 길입니까?

두 남자 돌아가는 길이오. 생명과 평안을 중요하게 여긴다면 당신도 어서 돌아가시오.

크리스천 대체 무슨 일인가요?

두 남자 엄청난 일이 벌어지고 있소. 우리는 지금 당신이 가고 있는 길을 최대한 끝까지 가 보았소. 그러다 하마터면 영원히 돌아오지 못할 뻔했소. 우리가 몇 발자국만 더 갔다면 여기에 와서 당신에게 이 소식을 전하지 못했을 거요.

크리스천 ╱ 도대체 무엇을 만났기에 그러십니까?

두 남자 ╱ 우리는 사망의 음침한 골짜기 바로 앞까지 들어섰는데, 다행히 눈앞의 위험을 미리 알아챌 수 있어서 도망할 수 있었다오. 시 44:19; 107:10

크리스천 ╱ 어떤 위험을 봤기에 그러는 건가요?

두 남자 ╱ 뭘 봤냐고요? 칠흑같이 컴컴한 골짜기는 그야말로 공포 그 자체였소. 마귀와 괴수, 구덩이 속에 웅크리고 있던 용도 보았소. 골짜기에서 쇠사슬에 묶여 고문을 당하는 사람의 비명이 끊임없이 들리는데, 정말 소름이 끼쳤소. 골짜기 위에는 죽음의 기운을 드리우는 컴컴한 구름이 가득 덮여 있는 것도 보였소. 욥 3:5; 10:22 한마디로 너무나 끔찍하고 무시무시했소.

크리스천 ╱ 말씀을 들어 보니 아무래도 이 길이 제가 바라는 안식처로 가는 길이 맞는 것 같군요. 렘 2:6

두 남자 ╱ 그렇다면 당신이나 실컷 가시오. 우리는 절대 가지 않을 거요.

두 남자는 돌아갔지만 크리스천은 가던 길을 멈추지 않았다. 또한 크리스천은 갑작스럽게 날아올 공격에 대비해 여전히 손에서 검을 놓지 않았다.

꿈에서 보니, 골짜기의 오른편으로 길이 끝나는 곳까지 매우 깊은 도랑이 파여 있었다. 그곳은 예로부터 맹인이 맹인을 안내해 가다가 둘 다 비참하게 빠져 죽었다는 도랑이었다. 왼편으로는 매우 위험해 보이는 수렁이 보였다. 아무리 선한 사람이라도 한번 발을 헛디뎌 빠지면 헤어나올 수 없을 만큼 깊은 수렁이었다. 한때 다윗왕도 이 수렁에 빠진 적이 있었다. 강하신 분이 건져 주지 않았다면 분명 그는 그곳에서 숨이 막혀 죽었을 것이다. 시 69:14

이 길은 극도로 좁아서 선한 크리스천은 전보다 더욱 조심해야 했다. 어둠 속에서 오른편의 도랑을 피하려다가 자칫 왼편의 수렁으로 굴러떨어질 수 있었다. 반대로, 자칫하다가는 수렁에 빠지지 않으려고 하다 도랑으로 굴러떨어질 수 있었다. 크리스천이 아슬아슬하게 걸어가는 내내 어디선가 처절한 신음 소리가 들려왔다. 수렁과 도랑의 위험 외에도 길이 너무 깜깜해서 발을 내딛으려고 할 때마다 어디에 놓아야 할지를 알 수 없었다.

이 골짜기의 한가운데에 지옥의 입구가 보였다. 그것을 본 크리스천은 주춤했다. "어떻게 해야 할까?"

지옥의 입구에서 이따금씩 불꽃과 무시무시한 굉음을 동반한 화염과 연기가 마구 뿜어져 나왔다. 화염과 연기는 아볼루온처럼 검을 두려워하지 않았기 때문에 크리스천은 검을 검집에 꽂고 나서 '모든 기도'라고 하는 또 다른 무기를 꺼냈다. 엡 6:18 곧이어 크리스천이 부르짖는 소리가 들렸다. "여호와여! 주께 구하오니 내 영혼을 건지소서!" 시 116:4

크리스천은 계속해서 기도했지만 불길이 여전히 그를 향해 날아들었다. 여기저기에서 음산한 목소리마저 들려와서 이대로 가다간 갈가리 찢기거나 길거리의 흙처럼 짓밟히는 건 아닌가 하는 생각이 들었다. 이런 무시무시한 광경과 소름 끼치는 소리는 몇 킬로미터 내내 계속되었다.

어느 순간, 마귀의 군대가 몰려오는 듯한 소리가 들려왔다. 크리스천은 재빨리 발걸음을 멈추고 어떻게 해야 할지 고민했다. 여기서 돌아갈까 하는 생각이 들었다가도, 이미 골짜기를 거의 통과했을지도 모른다는 생각이 들었다. 그러니 이미 많은 위험을 극복했다면 되돌아가는 것이 계속 전진하는 것보다 훨씬 더 위험할 수 있었다. 크리스천은 계속해서 전진하기로 결심했다. 하지만 마귀들이 점점 더 가까이 몰려오는 것만 같았다. 마귀들이 거의 코앞에 닥친 것 같았을 때 크리스천은 가장 절박한 목소리로 외쳤다. "여호와 하나님의 능력으로 걸어가리라!" 그러자 놈들은 주춤하더니 더 이상 다가오지 못했다.

한 가지 꼭 짚고 넘어가야 할 이야기가 있다. 내가 보니 이제 이 불쌍한 크리스천은 너무 고통스러운 나머지, 자신의 목소리조차 구별하지 못할 지경에 이르렀다. 크리스천이 불타는 구덩이 앞에 이르렀을 때 한 마귀가 그의 뒤로 몰래 다가와 귀에 대고 하나님을 모욕하는 온갖 말을 속삭였다. 그런데 크리스천은 그것이 자기 입에서 나온 말인 줄 알았다. 이것으로 인해 그는 그 어느 때보다도 괴로워했다. 자신이 그토록 사랑하는 분을 이제 자기 입으로 모독하고 있으니 말이다. 물론 그는 그런 말을 할 사람이 전혀 아니었다. 하지만 이제 그는 분별력을 상실해서 귀를 막을 생각도 하지 못하고, 누가 그런 말을 하는지 판단하지도 못했다.

비통한 심정으로 한참을 가던 크리스천은 앞에서 누군가가 이렇게 외치는 목소리를 듣게 되었다. "내가 사망의 음침한 골짜기로 다닐지라도 해를 두려워하지 않을 것은 주께서 나와 함께하심이라!"시 23:4

그 음성을 듣고 크리스천은 다음과 같은 이유들로 힘을 얻었다. 첫째, 이 골짜기에 자신 외에도 하나님을 경외하는 사람이 또 있다는 뜻이었기 때문이다. 둘째, 이 어둡고 음울한 곳에서도 하나님이 자신과 함께하신다는 사실을 알았기 때문이다. "이곳의 장애물 때문에 내가 보지 못할 뿐, 하나님은 지금도 나와 함께 계신다."욥 9:11 셋째, 포기하지 않고 가면 길동무를 만나게 될 거라는 희망이 생겼기 때문이다. 그래서 크리스천은 계속해서 길을 가면서 앞에 있는 사람을 불러 보았다. 하지만 아무런 대답이 없었다. 아무래도 그 사람 역시 이곳에 자기뿐이라고 생각했기 때문에 대답하지 않는 것 같았다. 어느새 날이 밝아 오자 크리스천은 기뻐하며 말했다. "그분이 사망의 그늘을 아침으로 바꾸셨구나."암 5:8

날이 밝자 크리스천은 뒤를 돌아보았다. 되돌아가고 싶어서가 아니라 자신이 어둠 속에서 어떤 위험을 통과했는지 확인하고 싶었기 때문이다. 길을 사이에 두고 양편에 있는 도랑과 수렁이 훤히 보였다. 그 사이에 난 길이 얼마나 좁은지도 눈에 들어왔다. 여전히 마귀와 괴수, 구덩이의 용도 보였지만 이제 모두 멀리 떨어져 있었다. 날이 밝았기 때문에 놈들이 감히 가까이 다가오지 못했다. 이제 크리스천이 놈들을 볼 수 있는 것은 하나님이 "어두운 가운데에서 은밀한 것을 드러내시며 죽음의 그늘을 광명한 데로 나오게" 하셨기 때문이다. 욥 12:22

이 모든 위험을 무사히 벗어났다는 사실에 크리스천은 감격스러웠다. 그토록 자신을 두렵게 만들던 그 밤의 위험들이 낮의 빛 덕분에 밝히 드러나니 감회가 새로웠다. 떠오른 해는 또 다른 면에서도 크리스천에게 은혜가 아닐 수 없었다. 왜냐하면 지나온 사망의 음침한 골짜기가 위험했다고 해도, 앞으로 가야 할 골짜기는 훨씬 더 위험했기 때문이었다. 그 길에는 덫과 함정, 무시무시한 수렁, 그물망이 가득했다. 게다가 깊은 구덩이와 비탈이 가득해서, 만일 지난밤 골짜기를 지날 때처럼 캄캄하다면 목숨이 열 개라도 살아남을 수 없을 정도였다.

하지만 앞서 말했듯이 아침 해가 떠올랐다. 크리스천은 찬란한 태양을 바라보며 조용히 읊조렸다. "그의 등불이 내 머리에 비치었고 내가 그의 빛을 힘입어 암흑에서도 걸어 다녔느니라." 욥 29:3

밝은 빛 속에서 걸으며 크리스천은 어느덧 골짜기의 끝에 이르렀다. 내가 꿈에서 보니, 이 골짜기의 끝에는 먼저 이 길을 걸은 순례자들의 피와 뼈, 토막 난 시체들이 널려 있었다. 과연 어떤 끔찍한 일이 있었던 걸까 몹시 궁금하게 여기고 있는데, 내 바로 앞에서 오래전에 교황Pope과 이교도Pagan라는 두 거인이 살던 동굴이 보였다.

그 뼈와 피, 시체 등은 이 거인들의 폭정으로 잔인하게 죽은 자들의 것이었다.

하지만 크리스천은 별 다른 위험 없이 그곳을 지나갈 수 있었다. 나중에 알고 보니 이교도는 오래전에 죽었고, 교황은 아직 숨이 붙어 있긴 했지만 쇠약해진 데다 젊은 시절의 치열한 싸움으로 정신이 나가고 관절은 뻣뻣해져서 그저 동굴 입구에 앉아 지나가는 순례자들을 향해 피식 웃는 일 외에는 아무것도 할 수 없기 때문이었다. 교황은 애꿎은 자신의 손톱만 물어뜯고 있을 뿐 지나가는 순례자들에게 한 발자국도 다가가지 못했다.

길을 가던 크리스천은 동굴 입구에 앉은 노인을 보고 잠시 멈칫했다. 노인은 쫓아올 힘도 없으면서 "몇 명이나 더 불타 죽어야 정신을 차리겠느냐!"라고 악다구니를 썼다. 순간 살짝 두렵기도 했지만 크리스천은 이내 마음을 굳게 먹고 꿋꿋이 앞으로 나아갔다. 결국 그는 무사히 그곳을 지나갔고 이렇게 노래했다.

오, 경이로운 세상이여
이 위험에서 무사하다니
이곳에 이르다니!
찬송을 받으시기에 마땅하도다,
나를 구해 주신 손이여!
이 골짜기를 지나는 동안 나를 에워싼
어둠 속의 위험, 마귀와 지옥, 죄.

내 길에 가득했던 덫과 구덩이, 함정, 그물.

이 어리석고 무가치한 나는

붙잡히고 갇히고 떨어져야 마땅했지만

이렇게 살아났으니

예수님께 면류관을 씌워 드리세.

“나의 대적이여,
나로 말미암아 기뻐하지 말지어다!
나는 엎드러질지라도 일어날 것이다!”

“그러나 이 모든 일에
우리를 사랑하시는 이로 말미암아
우리가 넉넉히 이기느니라!”

“여호와여! 주께 구하오니
내 영혼을 건지소서!”

“여호와 하나님의 능력으로
걸어가리라!”

CHAPTER 5

든든한 벗,
'신실'과 손잡다

말로만 믿는 믿음,
행함으로 드러나는 믿음

크리스천이 길을 걷다 보니 작은 언덕이 나타났다. 이 언덕은 순례자들이 올라가 앞을 내다볼 수 있게 일부러 만들어 둔 것이었다. 크리스천이 언덕에 오르자 저 앞에서 부지런히 걸음을 재촉하는 신실 Faithful이 보였다. 반가운 마음에 크리스천이 큰 소리로 외쳤다. "이보게, 이보게! 잠깐 멈추게. 나랑 같이 가세!"

크리스천의 목소리를 들은 신실이 놀라 뒤돌아보자 그는 더 큰 소리로 외쳤다. "내가 갈 때까지 조금만 기다려 주게나!"

하지만 신실은 고개를 내저었다. "그럴 수 없다네, 친구여. 원수가 뒤를 바짝 쫓아오고 있어 내 목숨이 위태로운 지경이네!"

크리스천은 자신을 기다려 주지 않는 신실이 야속하게 느껴졌다. 그는 있는 힘을 다해 쫓아가더니 결국 신실을 따라잡았다. 나중 된 자가 먼저 된 것이다. 하지만 그는 신실을 앞질렀다는 자만심에 방심하다가 그만 크게 넘어지고 말았다. 결국 신실이 와서 크리스천의 손을 잡고 일으켜 주어야만 했다.

꿈에서 보니, 이제 두 사람은 서로 여행길에서 겪은 일을 이야기하며 사이좋게 걷고 있었다. 크리스천이 먼저 이야기를 시작했다.

크리스천 ― 존경하고 사랑하는 형제여, 자네와 같이 길을 가니 정말
            좋군. 하나님이 우리의 심령을 누그러뜨려 이 길을 즐거
            운 마음으로 함께 가게 해 주셨네.

신실 ― 친구여, 실은 고향에서부터 자네와 함께 가고 싶었지. 하
         지만 자네가 먼저 출발한 바람에 이렇게 오랫동안 혼자
         올 수밖에 없었다네.

크리스천 ― 내가 순례의 길을 떠난 뒤로 멸망의 도시에 얼마나 있었나?

신실 ― 자네가 떠난 뒤로 곧 하늘에서 불이 떨어져 우리 마을을
         온통 태워 버릴 거라는 소문이 파다해졌지. 그래서 더 이
         상 그곳에 머물 수 없었네.

크리스천 ― 뭐라고? 마을 사람들이 그런 이야기를 했다고?

신실 ― 그렇다네. 그 소문이 한동안 온 마을 사람의 입에 오르내
         렸지.

크리스천 ― 그런데 그 많은 사람 중에 어떻게 자네만 빠져나오게 되
            었나?

신실 ― 아까 말했듯이 재앙에 관한 소문이 흉흉했지만 다들 완전
         히 믿진 않는 눈치더군. 마을을 떠난 자네에 대해 비웃는
         소리를 심심치 않게 들었으니까 말이네. 무모한 여행. 사
         람들은 자네의 순례를 그렇게 불렀네. 하지만 나는 하늘
         에서 불과 유황이 떨어져 우리 마을이 멸망할 거라는 말
         을 믿었네. 지금도 마찬가지고. 그래서 이렇게 혼자라도
         탈출을 한 것이지.

크리스천 ⌐ 그런 일이 있었군. 그렇다면 혹시 변덕 씨에 관한 소식은
들었나?

신실 ⌐ 자네를 따라 절망의 늪까지 갔다는 소리를 들었네. 그런
데 듣자 하니 늪에 빠졌다고 하던데 자기는 아니라고 우
기더군. 하지만 내가 볼 때 그에게 묻은 흙은 절망의 늪의
진흙이 분명했네.

크리스천 ⌐ 그래서 이웃들이 그에게 뭐라고 했나?

신실 ⌐ 변덕 씨는 돌아온 뒤로 온 마을 사람에게 조롱을 받았네.
다들 그를 싫어해서 일거리도 주지 않았지. 마을을 떠나지
않았다면 이렇게까지 미움을 받지는 않았을 텐데 말이야.

크리스천 ⌐ 정말 이상하군. 사람들은 그가 나와 떠났다는 사실을 그
렇게 싫어하면서 그 길에서 돌아온 그를 왜 그렇게 미워
하는 거지?

신실 ⌐ 다들 "한 입으로 두 말을 한 저 배신자의 목을 매달라"고
했네. 아무래도 변덕 씨가 하나님의 길을 저버렸기 때문
에 하나님이 적들로 하여금 그를 조롱하게 하신 게 아닌
가 싶네. 렘 29:18-19

크리스천 ⌐ 고향을 떠나기 전에 그와 이야기를 나누어 보진 않았나?

신실 ⌐ 길에서 한 번 보기는 했네. 하지만 자기가 한 짓이 창피했
는지 내 눈길을 피하며 길 건너편으로 가 버리기에 굳이
말을 걸지는 않았네.

크리스천 ⌐ 내가 처음 길을 나설 때만 해도 그 사람에게 희망을 걸었

지. 하지만 아무래도 마을이 불타 버릴 때 그도 함께 멸망하고 말겠군. 참된 속담에 "개가 그 토했던 것에 돌아가고 돼지가 씻었다가 더러운 구덩이에 도로 누웠다"라고 하는데 꼭 그 사람을 두고 하는 말 같네. ^{벧후 2:22}

신실 ─ 내 생각에도 그렇다네. 하지만 자업자득이니 어쩌겠나.

크리스천 ─ 신실 형제여, 이제 변덕 씨가 어떻게 되든 상관하지 말고 우리 이야기나 좀 해 보세. 자, 여기까지 오는 길에 무슨 일을 겪었는가? 아무 일도 겪지 않았을 리는 없고 말이네.

신실 ─ 다행히 자네가 빠졌다는 절망의 늪에는 빠지지 않고 무사히 좁은 문에 이를 수 있었네. 다만 나를 해치려는 음녀 Wanton라는 여자를 만났지.

크리스천 ─ 그 여자의 함정을 피했다니 천만다행이네. 요셉도 그 요녀로 인해 곤혹을 치르지 않았나. 요셉도 자네처럼 유혹을 단호히 뿌리쳤지만 하마터면 목숨을 잃을 뻔했지. ^{창 39:11-13} 그 여자가 자네를 어떻게 유혹하던가?

신실 ─ 자네도 알겠지만, 그 요녀의 혀가 어찌나 감미롭던지. 온갖 부귀영화를 약속하면서 자기랑 살자고 끈질기게 유혹하더군.

크리스천 ─ 그런 여자가 선한 양심이 주는 기쁨을 약속했을 리는 없었을 거네.

신실 ─ 그렇다네. 온갖 육체적인 만족으로 나를 유혹하더군.

크리스천 ─ 자네가 그 여자의 올가미에서 무사히 벗어나서 얼마나 다

행인지 모르겠네. 여호와의 저주를 받은 자라면 필시 그 요녀의 함정에 빠졌을 것이네. 잠 22:14

신실 　 하지만 내가 그 요녀에게서 완전히 벗어난 건지는 솔직히 잘 모르겠네.

크리스천 　 무슨 말인가? 자네가 그 여자의 유혹에 넘어가지 않았다고 생각했는데.

신실 　 그렇네. 분명 부끄러운 짓은 하지 않았어. "그의 발은 사지로 내려가며 그의 걸음은 스올로 나아가나니"라는 말씀을 되새기면서 그 요녀를 보고 홀리지 않도록 재빨리 눈을 감아 버렸다네. 잠 5:5; 욥 31:1 그랬더니 앙칼지게 쏘아대더군. 하지만 나는 들은 체도 않고 내 길을 갔다네.

크리스천 　 오는 길에 다른 공격은 없었나?

신실 　 곤고의 산 아래에 도착했을 때 노인 한 사람을 만났다네. 내가 누구며 어디로 가는지 묻더군. 천성으로 가는 순례자라고 했더니 노인은 이렇게 말했네. "정직한 친구처럼 보이는데, 내가 주는 품삯을 받으며 나와 함께 지낼 생각은 없는가?" 노인에게 이름이 무엇이며 어디서 사는지 물었더니, 자신은 첫 번째 아담Adam the First이며 유혹Deceit이란 마을에 산다고 하더군. 엡 4:22

내가 무슨 일을 해야 하며 품삯은 어떻게 되냐고 물었더니, 자신의 일은 아주 쉬운 일이며 품삯이란 자신의 상속자가 되는 것이라고 했네. 나는 그의 집은 어떠하며 일꾼들은 어떤 이들인지 물었지. 그랬더니 자신의 집은 온갖 아름다운 것으로 가득하고 자신의 일꾼들은 모두 자기 자식이라고 하더군. 자식이 얼마나 되냐는 질문에는 딸이 셋이 있다고 했네. 세 딸은 "육신의 정욕Lust of the Flesh과 안목의 정욕Lust of the Eyes과 이생의 자랑Pride of Life"이라고 하더군.요일 2:16 원한다면 자기 딸들과 혼인을 시켜 주겠다고도 했네. 내가 그와 함께 얼마나 지내기를 원하냐고 물었더니 자신이 죽을 때까지 곁에 있어야 한다지 뭔가.

크리스천　　그래서 그 노인과의 이야기는 어떻게 마무리되었나?

신실　　처음에는 그 노인의 말이 워낙 그럴 듯해서 그의 집에서 지내 볼까 하는 마음이 살짝 생기려고 했지. 그런데 이야기를 하다가 문득 노인의 이마를 보니 "옛 사람과 그 행위를 벗어 버리라"골 3:9라고 쓰여 있는 게 아닌가.

크리스천　　그래서 어떻게 했나?

신실　　그때 노인이 아무리 솔깃한 말을 해도 일단 나를 자기 집으로 데려가면 노예로 팔아 버릴 거라는 생각이 퍼뜩 들더군. 그래서 그의 집 문 근처에도 가지 않을 테니 더 이상 말을 걸지 말라고 단호하게 말했지. 그랬더니 사람을 보내서 내 여행을 지독히 괴롭게 만들겠다고 협박하더군. 그래서 빨리 자리를 벗어나려고 등을 돌렸는데 그때 갑자기 그가 나를 거칠게 잡아당기지 않겠나. 어찌나 세게 잡아당기던지 팔이 떨어져 나가는 것만 같았네.

너무 놀라서 나도 모르게 "오호라, 나는 곤고한 사람이로다!"라고 울부짖고 말았네.롬 7:24 나는 재빨리 그 노인의 손을 뿌리치고 산 위로 도망갔다네. 그런데 산을 반쯤 올랐을 때 문득 뒤돌아보니 어떤 자가 바람 같은 속도로 나를 쫓아오는 게 보였네. 그는 정자가 있는 곳 부근에서 나를 따라잡았지.

크리스천 ⟋ 아, 내가 앉아서 쉬었던 정자 말이군. 그곳에서 깜빡 잠이 들었다가 내 품에 있던 두루마리를 잃어버렸지 뭔가.

신실 ⟋ 그랬었군. 어쨌든 내 말을 끝까지 들어보게. 그는 나를 따라잡자마자 한마디 말도 없이 무지막지하게 주먹질을 하더군. 그의 공격에 나는 죽은 사람처럼 쓰러져 버렸네. 겨우 정신을 차리고 나서 이러는 이유가 뭐냐고 물었더니, 그는 내 마음이 은근히 첫 번째 아담에게 기울었기 때문이라고 했네. 그 말과 함께 그는 다시 내 가슴팍을 때렸어. 그 바람에 나는 뒤로 나자빠졌지. 나는 다시 시체처럼 그의 발치에 쓰러져 있었네. 다시 정신이 든 나는 제발 살려 달라고 애원했네. 하지만 그는 자비 따위는 모른다며 다시 나를 때려 눕혔어. 나를 끝장낼 심산이 분명했네. 마침 한 사람이 다가와서 그를 말리지 않았다면 나는 그때 영락없이 죽고 말았을 걸세.

크리스천 ⟋ 그를 말린 사람이 누구였나?

신실 ⟋ 처음에는 누군지 몰랐지. 그런데 지나갈 때 보니까 손과

옆구리에 구멍이 나 있더군. 그것을 보자마자 주님이시라는 걸 알았네. 주님을 만난 덕분에 나는 다시 산을 오를 수 있었지.

크리스천 자네를 따라잡은 그 사람은 모세였네. 그는 율법을 어긴 사람에게는 절대 자비를 베풀지 않을 뿐 아니라, 그 누구도 살려 두는 법이 없는 무시무시한 자이지.

신실 나도 잘 알고 있네. 그를 만난 건 그때가 처음이 아니었으니까 말이네. 사실, 내가 집에서 편히 지낼 때 그가 갑자기 찾아와서 당장 떠나지 않으면 내 집을 통째로 태워 버리겠다고 무섭게 경고한 적도 있었네.

크리스천 그랬군. 그런데 혹시 자네가 모세를 만났던 그 산의 꼭대기에 있는 집을 보지 못했나?

신실 봤지. 그 집 앞에 있던 사자도 봤네. 사자들은 낮잠을 자는 것 같더군. 그때가 정오쯤 되었으니까 말이네. 날이 저물려면 아직 멀어서 나는 문지기를 그냥 지나쳐서 산을 내려왔지.

크리스천 문지기가 자네를 봤다고 하더군. 자네도 그 집에 들렀다면 좋았을 텐데, 아쉽군. 그곳에는 진귀한 것이 많았거든. 자네가 그것들을 봤더라면 죽을 때까지 잊지 못할 걸세. 그나저나 겸손의 골짜기에서 만난 사람은 없었나?

신실 있었네. 불만Discontent이라고 하는 자를 만났지. 자기와 함께 되돌아가자고 어찌나 나를 물고 늘어지던지. 이유인즉슨, 그 골짜기는 정말 별 볼 일 없다는 거야. 게다가 내가 그 골짜기로 가면 교만Pride과 오만Arrogancy, 허영Self-conceit, 세상 영광Worldly-glory 같은 친척들을 배신하는 거라더군. 내가 어리석게 그 골짜기로 가면 그들 모두가 나에게 크게 실망할 거라고 했지.

크리스천 ╱ 그래서 자네는 뭐라고 대답했나?

신실 ╱ 그가 말한 자들이 내 친척인 것은 맞지만, 내가 순례자가 되자 그들은 나를 버렸네. 나도 그들을 거부했고 말이야. 따라서 이제 그들은 나와 전혀 피가 섞이지 않은 남남이나 마찬가지네. 그리고 나는 불만이 그 골짜기에 대해 아주 잘못 알고 있다고 말해 주었지. 왜냐하면 "겸손은 존귀의 길잡이"인 반면 "거만한 마음은 넘어짐의 앞잡이"이기 때문이지.잠 15:33; 16:18 나는 그가 좋다고 주장하는 것보다 지혜로운 자들이 명예로이 여기는 것을 얻기 위해 그 골짜기를 통과하겠다고 말했네.

크리스천 ╱ 아주 지혜롭게 대처했군. 겸손의 골짜기에서 또 누굴 만났나?

신실 ╱ 수치Shame라는 자도 만났네. 그런데 내가 순례 길에 만난 사람 가운데 그렇게 이름이 어울리지 않는 자는 처음 봤네. 그래도 다른 자들은 논쟁을 하다 보면 금세 조금이라도 누그러졌지만 이 뻔뻔한 자는 정말 수치를 모르는 자더군.

 그래? 그자가 뭐라고 했는데 그러나?

 아 글쎄, 하나님에 대한 믿음 자체를 부정하지 뭔가. 신앙에 관심을 가지는 것 자체가 어리석고 불쌍한 짓이라고 하더군. 민감한 양심이 남자답지 못한 것이라고도 했지. 신앙으로 자신을 구속한 나머지 혹여 예나 지금이나 용감한 영혼들이 누리는 자유를 빼앗긴다면 천하의 조롱거리가 될 거라고 했네.

돈이나 권세, 지혜를 가진 사람 가운데 나와 같은 생각을 가진 사람은 거의 없다고 하더군. 바보가 아닌 이상, 확실하지도 않은 것을 위해 기꺼이 자신의 모든 것을 버리는 사람은 없다고 말일세. 고전 1:26; 3:18; 빌 3:7-8; 요 7:48 그는 어느 시대나 순례자들이 천한 계급 출신들이고 자연 과학을 전혀 모르는 무지한 사람들이라고 비난했다네.

그것 말고도 많은 부분에서 내가 한심한 수준이라고 비하했지. 예를 들어, 설교를 듣고 눈물을 찔끔한다거나 집으로 돌아오면서 한숨을 내쉬는 것이 창피한 일이라고 했네. 별것도 아닌 일로 이웃에게 용서를 구하거나 남에게 빼앗은 것을 돌려주는 일도 부끄러운 일이라고 하더군. 또 그는 신앙이 단지 몇 가지 악(아니 '악'보다 훨씬 순한 표현을 사용했네) 때문에 위대한 사람들을 멀리하고 그저 같은 신앙을 가진 밑바닥 인생끼리만 어울리게 만든다며 "이게 수치스러운 일이 아니고 무엇이오?"라고 말했네.

 그래서 뭐라고 말해 주었나?

 거참, 처음에는 할 말이 없더군. 어찌나 몰아붙이던지 얼굴이 다 화끈거렸네. 그런데 이자는 내가 창피해서 얼굴이 새빨개진 줄 알고 자기가 이겼다고 생각하더군. 그러다 문득 "사람 중에 높임을 받는 그것은 하나님 앞에 미움을 받는 것"이라는 말씀이 기억났네.^{눅 16:15} 그리고 수치가 하나님과 그분의 말씀이 아닌 사람의 관점에서만 이야기하고 있다는 생각이 들었지.

자네도 알다시피, 마지막 날에 우리의 생사는 세상의 위대한 자들이 아닌 지극히 높으신 분의 지혜와 법에 따라 갈리지 않는가. 따라서 세상 사람들이 다 반대해도 하나님이 말씀하시는 것이 제일이라네. 암, 제일이고말고. 하나님은 진정한 신앙과 민감한 양심을 귀히 여기신다네. 그러니 하늘나라를 위해 스스로 바보가 된 사람들이 가장 지혜로운 자들이며, 그리스도를 사랑하는 가난한 사람이 그분을 미워하는 세상의 그 어떤 위대한 사람보다 더 부요한 자이지 않겠나.

그래서 수치를 향해 호통을 쳤지. "내 구원의 방해자인 수치여, 썩 물러가라! 내가 전능하신 하나님을 거역하고 네 말을 들을 줄 아느냐! 그렇게 한다면 주님이 오실 때 내가 어떻게 그분의 얼굴을 똑바로 쳐다볼 수 있겠느냐!^{막 8:38} 내가 주님의 뜻과 그분의 종들을 부끄러워한다면 어떻게 하늘의 복을 기대할 수 있겠느냐!"

하지만 이 수치라는 놈은 정말 끈질긴 악당이더군. 썩 물러가라고 호통을 쳤는데도 계속해서 나를 쫓아다니며 내 귀에 신앙의 다른 약점들을 들먹이지 뭔가. 하지만 나는 아무리 그래 봐야 소용이 없다고 딱 잘라 말했네. 그가 경멸하는 것들이 내게는 가장 영광스러운 것들이라고 말했지. 그렇게 해서 마침내 이 끈질긴 자를 떼어 낼 수 있었네. 놈을 떼어 버리고 나자 내 입에선 이런 노래가 흘러나왔지.

하늘의 부르심에 순종하는
사람들에게 찾아오는 시험,
육신을 겨냥한 시험들이
계속해서 찾아오고 또 찾아오네.
우리는 그 시험에
넘어지고 또 넘어지니
오, 순례자들이여, 오, 순례자들이여,
항상 깨어서 용기 있게 나아가세.

크리스천　그런 악당을 그토록 용감하게 물리쳤다니, 정말 잘했네. 자네 말대로 그 이름이 영 어울리지 않는 자로구먼. 그토록 끈질기게 쫓아와서 망신을 주고 선한 것을 미워하게 만들려 하다니 여간 뻔뻔한 자가 아닐세. 하지만 우리가 끝까지 저항한다면, 놈이 아무리 허세를 부려도 기껏해야 바보를 높이는 자에 지나지 않네. 그래서 솔로몬은 "지혜로운 자는 영광을 기업으로 받거니와 미련한 자의 영달함은 수치가 되느니라"라고 하지 않았나. ^{잠 3:35}

신실   아무래도 수치와 같은 이들에게 맞서 진리를 지킬 수 있도록 하나님께 도움을 구해야겠네.

크리스천   맞는 말일세. 그 골짜기에서 만난 이가 또 누가 있었나?

신실   더는 없었네. 겸손의 골짜기는 물론 사망의 음침한 골짜기까지 나머지 길은 환한 햇살 아래에서 순조롭게 지나왔다네.

크리스천   다행스러운 일이군. 자네는 나보다 훨씬 나았네. 나는 겸손의 골짜기에 들어서자마자 사악한 마귀 아볼루온과 한나절 동안이나 무시무시한 전투를 벌였지. 하마터면 죽을 뻔했지 뭔가. 특히 놈이 나를 쓰러뜨려서 깔아뭉갰을 때는 몸이 정말로 산산이 부서지는 줄 알았다네. 놈이 나를 집어던지는 바람에 손에 있는 검까지 놓쳤지. 놈이 죽을 준비를 하라기에 다급하게 하나님께 외쳤더니 그분이 내 부르짖음을 들으시고 나를 구해 주셨네.

그다음에는 사망의 음침한 골짜기로 들어섰지. 그 골짜기를 절반 가까이 지나도록 주변이 칠흑같이 어두웠다네. 또다시 꼼짝없이 죽었구나 생각했지. 하지만 결국 날이

밝아, 남은 길은 훨씬 더 편하고 안전하게 지나올 수 있었
다네.

　나는 꿈에서 두 사람이 나란히 길을 걷는 것을 보았다. 그때 신
실이 문득 고개를 돌리다가 수다쟁이Talkative란 남자를 보게 되었다.
이 길은 여럿이 함께 걷고도 남을 만큼 넓었기 때문에 수다쟁이는
두 사람에게서 꽤 멀찍이 떨어져서 걷고 있었다. 수다쟁이는 키가
꽤나 큰 남자였는데, 가까이에서 보는 것보다 멀찍이 떨어져 있을
때 더 훤칠해 보였다. 신실이 수다쟁이에게 가서 말을 걸었다.

신실　　˘　어디로 가시는 길입니까? 천성 문으로 가시나요?

수다쟁이　˘　그렇습니다.

신실　　˘　그거 잘됐군요. 저희와 같이 가시지요.

수다쟁이　˘　좋지요. 함께 가십시다.

신실　　˘　자, 이왕 이렇게 함께 가게 되었으니 신앙에 유익한 이야
　　　　　기나 나누며 가시지요.

수다쟁이　˘　신앙에 유익한 이야기라, 그런 이야기는 누구와 나누어도
　　　　　좋지요. 유익한 대화를 좋아하는 분을 만나다니 정말 반
　　　　　갑습니다. 그렇지 않아도, 아무 짝에도 쓸모없는 이야기
　　　　　나 하면서 여행을 하려는 자들이 많아 답답하던 참이었습
　　　　　니다.

신실　　˘　정말 안타까운 노릇이군요. 사람의 혀와 입으로 하늘에

계신 하나님에 관해 말하는 것만큼 가치 있는 일이 어디 있다고 그러는지 말입니다.

수다쟁이 ― 말끝마다 옳은 말씀만 하시니 존경스럽습니다. 하나님에 관해 이야기하는 것만큼 즐겁고 유익한 일이 또 어디 있겠습니까? 경이로운 것을 좋아하는 사람이라면 이보다 더 만족할 만한 이야기는 없을 겁니다. 예를 들어 역사나 기적, 신비한 일들, 징조, 불가사의한 이야기를 좋아하는 사람이라면 성경의 기록이 마음에 쏙 들 겁니다.

신실 ― 옳은 말씀입니다. 그런 이야기에서 유익을 얻는 것이 하나님을 믿는 자의 본분이 되어야 할 겁니다.

수다쟁이 ― 바로 그렇지요. 그런 일들을 이야기하면서 세상의 것은 헛되며 하늘의 것은 유익하다는 사실을 깨달아야 하지요. 하지만 무엇보다도 우리에게 거듭남이 필요하다는 사실을 깨달아야 합니다. 우리의 노력으로는 안 되며 그리스도의 의가 필요하다는 점을 알아야 하지요. 아울러 회개하고 믿고 기도하고 고난을 감내하는 법도 배워야 합니다. 복음의 약속이 얼마나 큰 위로가 되는지도 알아야 하고요. 거짓 가르침을 반박하고 진리를 옹호하며 무지한 자를 가르치는 법도 깨우쳐야 합니다.

신실 ― 맞는 말씀입니다. 당신에게 이런 이야기를 듣게 되어서 정말 기쁘군요.

수다쟁이 ― 안타깝게도 사람들이 이런 대화를 나누지 않으니 영생을 얻기 위해 신실함과 은혜가 필요하다는 사실을 모를 수밖에요. 하나같이 무지몽매하게 율법 아래에서 살고 있지요. 율법으로는 하늘나라를 얻을 수 없는데도 말입니다.

신실 　잠깐, 말씀 가운데 실례지만 그런 하늘의 지식은 어디까지나 하나님의 선물이지 않습니까? 단순히 인간의 노력이나 대화로는 그런 지식을 얻을 수 없습니다.

수다쟁이 　그야 저도 잘 알지요. 뭐든 하늘에서 주셔야 받을 수 있으니까요. 모든 것이 노력이 아닌 은혜입니다. 이를 뒷받침할 수 있는 성경 구절을 100개도 더 댈 수 있습니다.

신실 　그렇군요. 이제 또 어떤 이야기를 해 볼까요?

수다쟁이 　뭐든 좋지요. 저는 하늘의 것이나 이 땅의 것, 도덕적인 것이나 복음적인 것, 신성한 것이나 불경한 것, 과거의 것이나 장래의 것, 이질적인 것이나 편안한 것, 본질적인 것이나 주변적인 것에 관한 이야기를 하고 싶군요. 이런 이야기는 다 유익하니까요.

　수다쟁이에게 완전히 반해 버린 신실은 혼자 떨어져 걷던 크리스천에게 다가가 조용히 말했다. "정말 멋진 길동무를 얻었네! 그는 정말 훌륭한 순례자가 틀림없네." 그 말에 크리스천은 슬며시 웃으며 말했다.

크리스천 　신실 형제, 저 사람은 요사스러운 혀로 순진한 사람 수십

명은 속일 자네.

신실 ╱ 그게 무슨 말인가? 자네는 저 사람을 알고 있는가?

크리스천 ╱ 알다마다. 저자가 자신에 대해 아는 것보다 오히려 내가 그를 더 잘 안다고 말할 수 있을 정도지.

신실 ╱ 말해 보게. 그는 어떤 자인가?

크리스천 ╱ 수다쟁이라는 자네. 우리 마을에 살던 사람이지. 저자를 모르다니 뜻밖이군. 하긴 우리 마을이 워낙 크긴 하지만 말이네.

신실 ╱ 누구의 아들인가? 어디에 사는 사람이지?

크리스천 ╱ 달변가 Say-well란 사람의 아들인데 수다 거리 Prating Row에 산 다네. 모든 사람에게 수다 거리의 수다쟁이로 통하지. 말 은 교묘하게 잘하지만 실상은 아주 한심한 작자네.

신실 ╱ 정말인가? 내가 볼 때는 아주 괜찮은 사람 같네만.

크리스천 ╱ 잘 모르는 사람이 보기에는 그렇지. 왜냐하면 저자는 자 신을 잘 모르는 곳에서는 좋은 사람처럼 굴지만 고향에서 는 추악하기 그지없으니까 말이야. 자네가 그자에 대해 좋은 사람이라고 말하는 걸 보니 어느 화가의 작품이 생 각나는군. 그의 그림은 멀리서 보면 명작이 따로 없지만 가까이에서 보면 형편없기 짝이 없다네.

신실 ╱ 자네가 아까 말하면서 슬쩍 웃지 않았나. 혹 내게 농담을 하고 있는 것은 아니겠지?

크리스천 ╱ 이런 일에서 농담을 해서 쓰겠나? 물론 사람을 함부로 모

"저 사람의 마음속에 결코 신앙은 없어.

그저 말로만 떠드는 사람이지.

수다쟁이는 믿음을

아주 욕되게 하는 자라네."

함할 생각은 전혀 없네. 낱낱이 이야기해 주겠네. 저 사람은 아무나 만나서 아무 이야기나 하는 작자네. 이렇게 자네와 이야기할 뿐 아니라 선술집 의자에 앉아서도 얼마든지 떠들 사람이지. 술에 취할수록 입이 더 쉴 새 없이 움직이는 자라네. 저 사람의 마음속에 결코 신앙은 없어. 그저 말로만 떠드는 사람이지.

신실 ⌐ 자네 말이 옳다면 내가 저 사람에게 단단히 속은 것이군.

크리스천 ⌐ 단단히 속았지. 내 말을 믿게. "그들은 말만 하고 행하지 않는다", "하나님의 나라는 말에 있지 않고 오직 능력에 있다"라는 말씀을 기억하는가?마 23:3; 고전 4:20 저자는 기도나 회개, 믿음, 거듭남에 대해 말을 하지만 그저 말만 할 뿐이네. 나는 저자의 집에도 가 봤고 밖에서의 행실도 잘 알고 있네. 내 말은 한 치의 거짓도 없는 사실이네. 노른자가 없는 달걀을 생각할 수 있겠나? 하지만 저자는 입으로는 수없이 떠드나 그 속에 신앙은 눈을 씻고 찾아봐도 찾을 수가 없네. 기도나 죄를 회개한 흔적도 없지. 아마 짐승들도 저자보다는 하나님을 잘 섬길 걸세.

수다쟁이는 믿음을 아주 욕되게 하는 자라네. 그가 하는 짓 때문에 저자가 사는 동네에서 믿음을 좋게 말하는 사람이 없을 정도라네.롬 2:24-25 저자는 타지에서는 성자처럼 굴지만 자신의 고향과 집에서는 악마처럼 굴지. 저자의 불쌍한 가족들은 다 알고 있다네. 그는 지독한 구두쇠에

욕쟁이일 뿐 아니라 종들에게도 어찌나 심하게 구는지 모른다네. 종들은 저자가 두려워 말도 잘 못하고 쩔쩔매기만 하네. 저자와 거래를 하느니 아예 무법자와 거래를 하는 편이 낫다네. 그나마 무법자가 더 정직할 걸세.

이 수다쟁이는 틈만 나면 사람들을 속여 등치고 부당한 이득을 취했다네. 게다가 자식들에게도 자기처럼 살라고 강요하고 있지 뭔가. 자식이 사람을 속이는 일을 꺼려 우물쭈물하면 쓸데없는 양심이 발동한 탓이라며 마구 화내고 욕하지. 자기 뜻대로 하지 않는 자식에게는 일도 맡기지 않고 남들 앞에서 칭찬도 하지 않는다네. 아마 저자의 악한 삶으로 인해 많은 사람이 실족했을 걸세. 하나님이 저지하시지 않으면 앞으로도 많은 인생이 실족하겠지.

신실　╱　형제여, 나는 자네를 믿는다네. 자네가 저자를 안다고 해서라기보다 믿음 좋은 신자인 자네가 일부러 다른 사람을 욕할 리는 없으니까 말이네.

크리스천　╱　나도 자네처럼 수다쟁이를 잘 몰랐다면 그를 좋은 사람으로 여겼을지도 모르네. 그리고 저자가 신앙의 적들에게만 그런 평을 들었다면 근거 없는 모함이라고 여겼겠지. 악인들은 아무 이유 없이 선한 사람을 헐뜯기 좋아하니까. 하지만 지금 말한 사실 말고도 내가 수다쟁이에 관해 아는 수많은 사실들이 저자가 악인임을 증명한다네. 선한 사람들도 저자를 수치스럽게 여겨 절대 형제나 친구라고 부르지 않는다네. 수다쟁이를 아는 사람들은 저자의 이름만 들어도 치를 떨지.

신실 　말과 행함이 이렇게도 다를 수 있다는 걸 그를 통해 분명히 알겠군. 이제부터 이 두 가지를 잘 분별하도록 노력해야겠네.

크리스천 　그렇다네. 영혼과 육체가 별개인 것처럼 말과 행함 역시 다르다네. 그리고 영혼이 없는 육체가 시체에 불과한 것처럼 행함이 없는 말도 시체나 다름없다네. 신앙의 정신은 바로 행함이라는 사실을 잊어선 안 되네. "하나님 아버지 앞에서 정결하고 더러움이 없는 경건은 곧 고아와 과부를 그 환난 중에 돌보고 또 자기를 지켜 세속에 물들지 아니하는 그것이니라"라는 말씀도 있지 않은가. 약 1:27 수다쟁이가 모르는 사실이 이것이네. 저자는 말씀을 듣고 입으로 말하기만 하면 좋은 그리스도인이 되는 줄 알고 있지. 그는 그렇게 자기 영혼을 속이고 있네. 말씀을 듣는 건 씨앗을 뿌리는 것일 뿐이네. 말만으로는 마음과 삶에서 실제로 열매를 맺고 있는지 알 수가 없네. 하지만 마지막 날에 사람은 열매로 심판을 받는다네. 자네는 말씀을 믿는 사람 아닌가. 그렇다면 한 가지 묻겠네. 자네는 말씀대로 살아가는 사람인가, 아니면 말에 그치는 사람인가? 우리는 행함에 따라 심판을 받을 걸세. 세상의 끝은 추수와도 같다네. 마 13:30 알다시피 추수하는 사람들에게 가장 중요한 것은 열매지. 그날에 진정한 믿음으로 증명나지 않은 것들은 모두 버려질 것이네. 내가 이런 말을 하는 것은, 그날에 수다쟁이의 신앙고백이 얼마나 헛된 것일지를 보여 주기 위해서네.

신실 　 자네의 말을 들으니 모세가 깨끗한 짐승에 관해 설명했던 것이 생각나네.^{레 11장; 신 14장} 깨끗한 짐승은 굽이 갈라지고 새김질을 하는 짐승이네. 굽이 갈라지지 않거나 새김질만 하는 짐승은 깨끗한 짐승이 아니네. 수다쟁이가 이런 부정한 짐승을 꼭 닮았군. 저자는 새김질은 잘하네. 지식을 찾고 말씀을 잘 씹지. 하지만 굽이 갈라지지 않았네. 그러니까 저자는 죄인의 길을 떠나지 않아. 개나 곰의 발을 가진 자로, 부정한 자이지.

크리스천 　 자네가 그 말씀을 제대로 설명해 주었군. 하나만 덧붙이자면, 바울은 말만 많은 자들이 "소리 나는 구리와 울리는 꽹과리" 같다고 했네.^{고전 13:1} 또 다른 말씀에서는 "생명 없는 것이 소리를 낸다"라고 표현했고 말이야.^{고전 14:7} 생명 없는 것, 그러니까 참된 믿음과 복음의 은혜가 없는 자들은 생명의 자녀와 함께 하늘나라에 들어갈 수 없네. 그들이 하는 말이 제아무리 천사의 소리 같아도 소용이 없어.

신실 　 음, 사실 처음부터 저 사람에게 내키지 않은 구석이 있었는데 이젠 상종하기도 싫군. 내가 저자를 어떻게 떨쳐 버릴 수 있겠나?

크리스천 　내 말을 잘 듣고 가서 그에게 이렇게 해 보게. 그러면 저
　　　　자가 금방 자네를 떠나 버리게 될 걸세. 하나님이 저자의
　　　　마음을 기적처럼 변화시키시지 않는 한 말이야.

신실 　　내가 어떻게 해야 할지 어서 말해 보게나.

크리스천 　수다쟁이에게 가서 하나님의 은혜에 관한 진지한 대화를
　　　　시작하게. 그러다가 기회를 봐서 질문 하나를 던져 보게.
　　　　그는 무엇이든 좋으니 물어보라고 할 걸세. 그러면 하나
　　　　님의 은혜가 그의 마음이나 가정, 삶 속에서 어떻게 나타
　　　　나고 있는지 대놓고 물어보게.

　　이 말을 듣고 신실은 다시 수다쟁이에게로 가서 말했다.

신실 　　오래 기다리셨습니다.

수다쟁이 　괜찮습니다. 다만, 계속 저와 같이 계셨다면 지금쯤 많은
　　　　이야기를 나누었을 텐데 좀 아쉽습니다.

신실 　　지금부터라도 원 없이 이야기를 나누시지요. 먼저, 한 가
　　　　지 물어봐도 되겠습니까? 하나님이 베푸시는 구원의 은혜
　　　　는 사람의 마음에 어떤 변화를 일으키는지요?

수다쟁이 　그렇다면 은혜의 능력에 관한 이야기를 해야겠군요. 정말
　　　　좋은 질문을 하셨습니다. 기꺼이 대답해드리지요. 간단
　　　　하게 설명하자면, 첫째, 하나님의 은혜가 마음속에 들어
　　　　오면 죄를 비난하게 되지요. 둘째로…….

신실　ㅡ　잠깐만요. 한 가지만 짚고 넘어갑시다. 죄를 비난하게 된
다기보다 우리 영혼이 죄를 미워하게 된다는 표현이 더
낫지 않을까요?

수다쟁이　ㅡ　아니, 죄를 비난하는 것과 미워하는 것이 뭐가 다른가요?

신실　ㅡ　아, 달라도 아주 다르지요. 다른 꿍꿍이가 있어서 죄를 강
하게 비난할 수도 있거든요. 그런 사람은 죄에 대해 비난
만 할 뿐 진정으로 미워할 수 없지요. 죄에 대한 경건한 혐
오감 없이는 죄를 미워할 수 없거든요. 설교단에서는 죄
를 격렬하게 비난하면서 정작 자기 마음속에서는 죄를 품
고 살아가는 사람을 숱하게 봤습니다. 알다시피 요셉의
여주인은 마치 자기가 엄청 거룩하기라도 한 것처럼 큰 소
리로 죄를 꾸짖었지요. 하지만 그 여자는 요셉과 부정을 저
지를 생각으로 가득 찬 사람이 아니었습니까. 엄마가 무릎
위의 아이를 못된 녀석이라고 꾸짖고 나서 이내 안아 주고
볼에 뽀뽀하는 식으로 죄를 꾸짖는 자들도 있지요.

수다쟁이　ㅡ　왠지 제 말에 꼬투리를 잡으신다는 기분이 드네요.

신실　ㅡ　아이고, 그럴 리가요. 단지 더 정확하게 이야기를 나누고
싶을 뿐입니다. 그건 그렇고, 마음속에서 은혜가 역사하
고 있다는 두 번째 증거는 무엇인가요?

수다쟁이　ㅡ　복음의 신비에 대해 풍부하게 알게 된다는 것이지요.

신실　ㅡ　그렇군요. 하지만 이 증거는 첫 번째여야 옳지 않을까요?
물론 첫 번째든 마지막이든 어차피 잘못된 증거긴 하지만

요. 복음의 신비에 관한 지식이 아무리 많아도 마음속에서 은혜가 역사하지 않을 수 있으니까요. 그렇다면 모든 지식을 가졌다 해도 그 사람은 전혀 하나님의 자녀가 아닌 것입니다. ^{고전 13장}

그리스도께서 "내가 너희에게 행한 것을 너희가 아느냐?" ^{요 13:12} 라고 물으셨을 때, 제자들은 자신 있게 "네"라고 대답했지요. 그때 예수님은 "너희가 이것을 알고 행하면 복이 있으리라"라고 덧붙이셨죠. ^{요 13:17} 보시다시피 예수님은 아는 자에게 복이 있다고 말씀하시지 않았습니다. 행하는 자에게 복이 있다고 하셨지요. 행함이 없는 지식도 있기 때문입니다.

주님의 뜻을 알고도 행하지 않는 사람, 천사처럼 많은 것을 알지만 전혀 그리스도인이 아닌 사람도 많지요. 그러니 당신의 증거는 옳지 않습니다. 지식은 말 많고 자랑하기 좋아하는 자들이나 좋아하는 것이지요. 행함이야말로 하나님이 기뻐하시는 일입니다.

물론 지식이 없어도 좋다는 말은 아닙니다. 지식이 없는 마음은 악할 수밖에 없지요. 단, 지식도 종류가 있습니다. 그저 생각에만 머무는 지식이 있는가 하면, 믿음과 사랑의 은혜가 동반된 지식도 있지요. 이런 지식을 가진 사람은 진정으로 하나님의 뜻을 행하게 되어 있습니다. 말만 앞세우는 자들은 첫 번째 종류의 지식에 만족하지만, 진

정한 그리스도인은 그러한 지식으로 만족하지 않아요. 진
정한 그리스도인은 "나로 하여금 깨닫게 하여 주소서. 내
가 주의 법을 준행하며 전심으로 지키리이다"라고 기도합
니다. 시 119:34

수다쟁이 ─ 자꾸만 저를 몰아붙이시는군요. 이런 식의 대화는 전혀
유익하지 않습니다.

신실 ─ 자자, 그러지 말고, 은혜가 역사하는 또 다른 증거를 대보
시지요.

수다쟁이 ─ 싫습니다. 또 트집을 잡으실 게 아닙니까?

신실 ─ 괜찮다면 제가 좀 말을 해도 될까요?

수다쟁이 ─ 상관없으니 마음대로 하시지요.

신실 ─ 사람의 마음속에서 이루어지는 은혜의 역사는 자기 자신
이나 주변 사람들에게도 나타나게 되어 있습니다. 자기
자신에게는 이런 식으로 나타나지요. 일단, 죄를 깨닫게
됩니다. 특히, 자신의 타락한 본성과 불신의 죄를 절실히
자각하게 되지요. 예수 그리스도를 믿음으로 하나님께 은
혜를 얻지 못하면 영원한 지옥에 들어갈 수밖에 없는 존
재임을 깨닫게 되는 것입니다. 그로 인해 죄에 대한 깊은
슬픔과 수치를 느끼게 되지요. 롬 7:24; 요 16:8-9; 막 16:16
나아가, 예수 그리스도께서 세상의 구주시라는 사실과 영
생을 얻기 위해 그분을 영접해야 할 절대적인 필요성을
깨닫게 됩니다. 그분을 갈망하게 되는 것이지요. 오직 그

분만이 약속하신 대로 영혼의 갈망을 채워 주실 수 있습니다. 구주를 믿는 믿음이 강한지 약한지에 따라 마음속 기쁨과 평안도 강하거나 약해집니다. 거룩함을 향한 갈망도 마찬가지입니다. 그분을 더 알고 이 세상에서 그분을 더 충성스럽게 섬기려는 열정도 마찬가지지요.

그런데 은혜의 역사가 이렇게 당사자에게 나타나기는 하지만 당사자가 그것을 은혜의 역사로 인식하는 경우는 드물어요. 그것은 그가 지금은 부패한 상태고 이성에 지나치게 의존한 나머지 이 문제에서 잘못된 판단을 내리기 때문입니다. 따라서 이런 변화를 은혜의 역사라고 확신하기 위해서는 매우 건전한 판단력이 필요합니다.

이제 한 사람 안에서 일어난 은혜의 역사가 주변 사람들에게는 어떻게 나타나는지 말씀드리지요. 첫째, 은혜의 역사를 경험하면 사람들에게 그리스도에 대한 믿음을 고백하게 됩니다. 둘째, 그런 고백에 어울리는 거룩한 삶을 살게 됩니다. 먼저 마음이 거룩해지고, 가정 안에서 거룩해지며, 세상 속에서도 거룩한 언행을 하게 되지요. 죄를 미워할 뿐 아니라 자신의 은밀한 죄까지도 회개하기에 가족과 이웃 역시 죄를 멀리하도록 이끌며, 나아가 거룩한 세상을 만들기 위해 노력합니다. 위선자나 떠버리처럼 말로만 하는 것이 아니라 말씀의 능력으로 믿음과 사랑을 실천하게 되지요. 롬 10:10; 빌 1:27; 마 5:19; 요 14:15

자, 이렇게 은혜의 역사와 그것이 나타나는 모습을 간단
히 말씀드렸습니다. 혹시 다른 의견이 있다면 말씀해 주
시지요. 없으시다면 두 번째 질문으로 넘어가려 합니다.

수다쟁이 ― 참나, 다른 의견은 무슨 다른 의견입니까. 난 듣기만 할
테니 두 번째 질문이나 해 보시지요.

신실 ― 자, 그럼 묻겠습니다. 수다쟁이 씨는 제가 말씀드린 은혜
의 역사를 경험해 보셨나요? 그러니까 당신의 말과 삶에
서 하나님의 은혜가 드러나고 있는지 묻는 겁니다. 은혜
를 말로만 이야기할 뿐 행함이 없으신 것은 아닌가 하는
생각이 드는군요. 하나님이 이곳에 계신다고 생각하고 양
심껏 대답해 보시기 바랍니다. "옳다 인정함을 받는 자는
자기를 칭찬하는 자가 아니요 오직 주께서 칭찬하시는 자
니라"라고 하셨으니 말입니다.^{고후 10:18} 당신이 하는 말을
이웃들이 나서서 다 거짓이라고 한다면 그건 보통 큰 죄
악이 아닐 겁니다. 그러니 진실을 말씀해 보십시오.

    그러자 수다쟁이의 얼굴이 처음으로 붉어졌다. 하지만 그것도
잠시, 그는 이내 뻔뻔한 얼굴로 돌아와서 이렇게 대답했다.

수다쟁이 ― 당신은 은혜의 역사니 양심이니 하나님이니 하는 소리를
하면서 자신의 말이 정당하다고 하나님께 주장하는군요.
이것은 내가 기대했던 대화가 전혀 아닙니다. 뭐, 내가 심

문을 당할 입장도 아니고, 그런 질문에는 답도 하고 싶지 않네요. 당신이 내 심판관도 아니지 않습니까? 도대체 내게 이러는 이유가 뭡니까?

신실 당신이 말만 앞세우는 분 같아서 말입니다. 그리고 머릿속에 지식만 가득 들어찬 분으로 보이고요. 당신이 실은 말만 그럴듯하게 하고 행실은 영 딴판이라는 이야기를 들었지요. 당신이 그리스도인 망신을 다 시키고 다닌다고 하더군요. 당신의 경건하지 못한 행실로 인해 신앙의 입지가 점점 더 좁아지고 있다고요.

당신이 그리스도인인 척하지만 사실은 당신의 악한 행실로 인해 이미 많은 사람이 실족했고, 앞으로도 많은 사람이 멸망할 위험에 처해 있다고 들었습니다. 당신의 신앙은 술판과 탐욕, 불결, 욕, 거짓말, 헛된 친구들로 얼룩져 있다고 하더군요. 음녀에 관한 옛 격언이 꼭 당신을 두고 하는 말 같습니다. 음녀는 모든 여자의 수치라고 했는데, 당신은 모든 그리스도인의 수치 같습니다.

수다쟁이 그런 헛소문만 믿고 나를 함부로 판단하다니, 아주 형편없는 사람이군! 당신 같은 자와 더 이상 이야기할 가치를 느끼지 못하겠소. 썩 저리 가시오!

그때 크리스천이 다가와 신실에게 말을 걸었다.

크리스천   내가 뭐라고 말했나? 저런 정욕을 가진 자는 자네의 말을
거부할 수밖에 없네. 저자는 죽어도 행실을 바꾸지 않을
사람이네. 어쨌든 저자가 가 버렸으니 더는 신경 쓰지 말
게. 이렇게 가 버리면 자기만 손해가 아니겠나. 거추장스
러운 혹을 떼어 버렸으니 다행이네. 계속해서 그의 헛소
리를 들어야 한다면 어디 피곤해서 여행을 제대로 할 수
있겠나. 게다가 성경에서도 "이 같은 자들에게서 네가 돌
아서라"라고 말하지 않았는가. 딤후 3:5

신실   하지만 저 사람과 잠깐 이야기를 나누긴 잘한 것 같네. 그
가 나중에라도 지금 나눈 대화를 돌아보게 될지 모르지
않나. 어쨌든 나는 저 사람에게 진리를 분명히 전해 주었
으니 저 사람이 망하게 되더라도 거리낄 것이 전혀 없네.

크리스천   아주 잘했네. 요즘에는 신앙을 말로만 떠들고 행실은 엉
망인 자들에게 똑 부러지게 훈계하는 자네 같은 사람이
드물지. 그로 인해 신앙이 악취 나는 쓰레기 취급을 받고
있으니 통탄할 노릇이네. 그런 자들이 경건한 사람들의
무리 속에 슬쩍 섞이는 바람에 세상이 기독교를 오해하고
있는 거라네. 그렇게 기독교가 흠집이 나서 진실한 신자
들이 탄식하고 있으니 참으로 안타깝네. 모든 사람이 자
네처럼 이런 문제를 확실히 다루면 얼마나 좋겠는가. 그
렇게 하면 말로만 신앙생활을 하는 사람들이 좀 더 믿음
에 어울리는 사람이 되거나 신자들의 무리에 함부로 얼씬

거리지 않을 테니 말이야.

크리스천이 말을 마치자, 신실이 노래를 부르기 시작했다.

처음에는 득의양양하던 수다쟁이.
어찌나 신이 나서 말을 하던지.
모두를 굴복시킬 것처럼 굴던 수다쟁이.
하지만 신실이 영혼 가운데 일어나는
은혜의 역사에 관해 말하자
보름달이 기울 듯 기가 죽어 버렸다네.
하나님의 참된 은혜를 모르는 자들은 다 그와 같다네.

두 사람은 계속해서 길 위에서 본 것들을 이야기하며 걸어갔다.
덕분에 여행길이 한결 즐거워졌다. 그렇지 않았다면 이제 막 시작된
광야가 한없이 지루했을 것이다.

CHAPTER 6

헛된 유혹과
모진 핍박 속에서

'마음을 지킨다는 것'의 의미

광야를 거의 지나왔을 무렵, 신실은 낯익은 얼굴의 사람이 뒤따라오
고 있는 것을 발견했다. 그 순간, 신실은 기쁨에 차서 크리스천에게
소리쳤다. "이보게, 저기 누가 오는 줄 아는가?" 크리스천도 뒤따라
오는 사람을 확인하고 얼굴이 환해졌다. "나의 좋은 친구인 전도자
님이시군." 신실이 맞장구를 쳤다. "나의 좋은 친구이기도 하지. 내
게 좁은 문으로 가라고 안내해 주신 분이 그분이니까 말일세."

어느새 전도자가 두 사람 앞에 이르러 인사를 건넸다.

전도자 　 두 분, 평안하셨는지요? 이곳까지 오는 동안 두 분에게 도
　　　　움을 베풀어 준 모든 분들에게도 평안이 있길 바랍니다.

크리스천 　 어서 오십시오, 선하신 전도자 님. 전도자 님의 얼굴을 보
　　　　니 제가 힘든 순간마다 친절을 베푸시고 영생을 얻도록
　　　　힘써 주신 것이 다시금 생각납니다.

신실 　 전도자 님, 정말 반갑습니다. 저희같이 작은 순례자들과
　　　동행해 주시니 참으로 영광입니다!

전도자 　 두 분, 그동안 어떻게 지내셨는지요? 그동안 있었던 일들

이 궁금하군요.

크리스천과 신실은 순례의 길을 걷는 동안 어떤 일들이 있었고 얼마나 힘들게 이곳에 이르게 되었는지 소상히 이야기했다.

전도자 ⌐ 정말 기쁩니다. 두 분이 시련을 만나서 기쁘다는 말이 아니라, 많은 어려움 속에서도 승리를 거두고 여기까지 포기하지 않고 오셔서 얼마나 기쁜지 모르겠습니다. 저도 기쁘지만 두 분에게는 더욱 기쁜 일입니다. 저는 씨를 뿌렸고 두 분은 열매를 거두었습니다. 씨를 뿌린 사람이나 열매를 거둔 사람이나 모두 함께 기뻐할 날이 오고 있습니다.^{요 4:36} 용기를 잃지 않고 끝까지 견디면 때가 되어 열매를 거둔다고 했는데, 참으로 그렇게 되었습니다.^{갈 6:9} 이제 면류관이 두 분 앞에 있습니다. 썩지 않을 면류관이지요. 끝까지 경주한다면 그 면류관을 얻게 되실 겁니다.^{고전 9:24-27}

그러나 이 면류관을 얻기 위해 먼 길을 달려왔건만 다른 사람에게 빼앗기는 경우가 종종 있습니다. 그러니 "네가 가진 것을 굳게 잡아 아무도 네 면류관을 빼앗지 못하게 하라"라는 말씀을 기억하십시오.^{계 3:11} 두 분은 여전히 마귀의 사정권 안에 있습니다. 두 분은 아직 피를 흘릴 정도로 죄와 격렬하게 맞서 싸우지는 못했습니다. 항상 하늘나라에 시선을 고정하십시오. 보이지 않는 것을 굳게 믿으십시오. 이 세상 것들에 집착하지 말고, 무엇보다 마음 깊은 곳에 정욕이 숨어 있지는 않은지 수시로 들여다보십시오. 만물보다 거짓되고 심히 부패한 것이 마음이기 때문입니다. 얼굴을 부싯돌같이 굳게 하십시오.^{사 50:7} 하늘과 땅의 모든 권세가 두 분께 있음을 잊지 마세요.

크리스천은 전도자의 권고에 감사를 표했다. 또한 남은 여정에 도움이 될 만한 이야기들을 더 들려 달라고 부탁했다. 전도자는 선지자이기도 해서 앞으로 일어날 일에 대해 말해 줄 수 있었기 때문이다. 전도자라면 어려운 문제를 극복하는 방법에 대해서도 알려 줄 수 있으리라 믿었다. 신실도 전도자에게 거듭 부탁했다.

전도자 ╱ 두 분도 하늘나라에 들어가려면 많은 환난을 겪어야 한다는 복음의 말씀을 알고 있을 것입니다. 그래요. 가는 곳마다 결박과 고난을 만나게 되실 겁니다. 그러니 어떤 식으로든 고난이 전혀 없는 순례 길은 기대하지 마십시오. 이미 앞에서 적지 않은 고난을 겪으셔서 알겠지만, 곧 더 많은 고난이 닥칠 것입니다.

지금 걷고 있는 이 광야를 벗어나면 한 마을을 만날 텐데, 그곳에서 두 분을 죽이려고 달려드는 적들에게 둘러싸일 것입니다. 그곳에서 두 사람 가운데 한 분은 피로써 믿음을 증명해 보여야 합니다. 하지만 죽기까지 충성하면 왕께서 생명의 면류관을 주실 것입니다. 그곳에서 고통스러운 죽음을 당하는 사람은 천국에 먼저 도착하겠고, 남은 여행에서 만나야 할 환난을 피해 갔으니 더 나은 일임을 기억하세요. 마을에 가서 제가 말씀드린 일이 일어난다면 반드시 용기 있게 행동하십시오. 여러분의 영혼을 신실하신 창조주 하나님께 맡기시고 포기하지 말고 끝까지 선을 행하십시오.

꿈에서 보니, 전도자와 헤어진 크리스천과 신실이 광야를 벗어나자 눈앞에 마을이 나타났다. 그 마을의 이름은 헛됨Vanity이었다. 그 마을에서는 1년 내내 헛됨의 시장Vanity Fair이라 불리는 장이 열렸다. 헛됨의 시장은 마을 자체가 헛되고 피상적이며 시장에서 팔리는 물건 역시 하나같이 헛되다고 해서 붙은 이름이었다. "모든 것이 헛되도다"사 40:17; 전 1:2, 14; 2:11, 17라는 성경의 말씀이 꼭 들어맞는 곳이었다.

헛됨의 시장은 최근에 새로이 들어선 시장이 아니라 아주 오래 전부터 열려 왔던 시장이다. 그 기원을 말하자면 이렇다. 약 5천 년 전에 크리스천과 신실, 이 두 정직한 사람처럼 천성을 향해 가는 순례자들이 있었다. 바알세불과 아볼루온, 마귀 군대Legion와 그들의 수하들은 순례자들이 이 마을을 지난다는 사실을 알고 이곳에 온갖 헛된 물건을 파는 시장을 1년 내내 열기로 작당했다. 이 시장에서는

"여러분의 영혼을
신실하신 창조주 하나님께 맡기시고
포기하지 말고
끝까지 선을 행하십시오."

"여러분의 영혼을
신실하신 창조주 하나님께 맡기시고
포기하지 말고
끝까지 선을 행하십시오."

집이나 땅, 직업, 지위, 명예, 직함, 국가, 정욕, 쾌락, 온갖 종류의 즐거움뿐 아니라 창녀, 포주, 아내, 남편, 자식, 주인, 종, 삶, 피, 육체, 목숨, 은, 금, 진주, 보석 같은 것들까지도 다 살 수 있었다.

나아가 이 시장에서는 온갖 사기, 도박, 놀이, 바보, 흉내쟁이, 악당, 무뢰한을 사시사철 볼 수 있었다. 아울러 이유 없는 핏빛 살인, 강도, 불륜, 거짓 맹세 같은 일도 매일같이 벌어졌다. 그리고 어느 소규모 시장에서나 특정한 종류의 물건이 모여 있는 거리가 있는 것처럼 이곳에도 특정한 물건을 전문으로 취급하는 거리가 있었다. 예를 들어, 영국 거리, 프랑스 거리, 이탈리아 거리, 스페인 거리, 독일 거리가 있어 각종 헛된 물건을 판매했다. 물론 어느 시장에나 잘 나가는 품목이 있기 마련이다. 이 시장에서는 로마의 상품이 유달리 불티나게 팔려 나갔는데, 우리 같은 영국 사람과 일부 나라 사람들에게만 인기가 없을 뿐이었다.

앞서 말했듯이 천성으로 가는 길은 이 번화한 시장이 있는 마을을 통과한다. 그래서 천성으로 가는 사람이 이 마을을 통과하지 않으려면 '세상 밖으로 나가야' 하는 수밖에 없다.^{고전 5:10} 만왕의 왕도 이 마을을 통과해서 자신의 마을로 가셨고, 그날도 장은 성황리에 열리고 있었다. 아마 그때 그분께 헛된 것들을 사라고 권한 자가 이 시장의 주인인 바알세불이 아니었나 싶다.^{마 4:8; 눅 4:5-7}

바알세불은 주님께 마을을 지나가는 동안 자신에게 경의를 표하기만 하면 그분을 이 시장의 주인 자리에 앉혀 주겠다고 말했을 것이다. 그분이 워낙 높으신 분이라 바알세불은 그분을 이 거리 저 거리로 모시고 다니면서 천하만국을 보여 주었을 것이다. 그분이 혹해서 헛된 물건 한두 가지라도 사서 스스로 격을 떨어뜨리는 것이 놈의 목적이었으리라. 하지만 그분은 헛된 물건에 관심조차 없으셨다. 결국 그분은 헛된 물건에 동전 한 푼 쓰지 않고 마을을 떠나셨다. 어쨌든 이 시장은 이렇게 오래된 시장이며, 아주 규모가 큰 시장이다.

크리스천과 신실도 헛됨의 시장을 지나서 가야 했다. 그런데 두 사람이 시장에 들어서자마자 온 시장이 술렁이고, 이내 마을 전체에서 한바탕 난리가 났다. 여기에는 몇 가지 이유가 있었다.

첫째, 두 사람이 입은 옷이 시장 상인들의 옷과 전혀 달랐다. 그래서 시장에 있는 사람들은 모두가 두 사람을 힐끗거렸다. 어떤 이들은 그들을 바라보며 비웃듯 키득거렸고 어떤 이들은 미치광이라고 손가락질했다. 그런가 하면 수상한 이방인이라며 의심의 눈총을 보내는 이들도 있었다. 고전 2:6-8

둘째, 시장에 있는 사람들에게는 두 사람의 옷차림만큼이나 도무지 알아들 수 없는 언어가 거슬렸다. 두 사람은 평소처럼 가나안 언어를 사용했지만 이곳 사람들은 이 세상의 언어를 사용했기 때문이다. 그래서 시장 입구에서부터 끝까지 사람들은 두 사람을 마치 미개한 사람을 보듯 쳐다보았다.

셋째, 두 사람이 상인들의 심기를 건드렸던 진짜 이유는 그들이 상인들의 상품을 아주 하찮게 여겨 눈길조차 주지 않았기 때문이다. 물건을 사라고 아무리 불러도 두 사람은 손으로 귀를 틀어막은 채 "내 눈을 돌이켜 허탄한 것을 보지 말게 하소서!"시 119:37라고 외칠 뿐

아니라, 자신들의 시민권은 하늘에 있다는 표시로 하늘을 우러러보았다. 빌 3:19-20

한 상인이 두 사람의 행동을 유심히 보더니 비아냥거리며 물었다. "뭘 드릴깝쇼?" 하지만 두 사람은 아랑곳없이 진지한 표정으로 대답했다. "우리는 진리를 사고 싶소." 잠 23:23

그 말에 상인들의 얼굴이 붉으락푸르락해졌다. 급기야 여기저기서 조롱과 욕이 터져 나오고, 당장 쳐 죽이자는 말까지 나왔다. 그렇게 시장은 아수라장으로 변했다. 결국 시장의 관리자에게 보고가 들어갔고, 득달같이 쫓아온 그는 시장을 난장판으로 만든 자들을 당장 재판정으로 끌고 가라고 명령했다.

그리하여 두 사람은 재판정에 서게 되었다. 심문자들은 두 사람에게 어디에서 와서 어디로 가며 이런 이상한 차림으로 뭘 하고 있는 거냐고 물었다. 두 사람은 자신들이 순례자요 이 세상에 대해 나그네이며 자신들의 본향인 하늘의 예루살렘으로 가는 중이라고 설명했다. 히 11:13-16 또한 자신들은 한 상인이 뭘 사겠냐고 해서 진리를 사겠다고 말한 것 외에 마을 사람들이나 상인들에게 이렇게 끌려올 만한 짓을 한 일이 전혀 없으니 가던 길을 가게 해 달라고 간청했다.

하지만 심문자들은 두 사람을, 시장을 발칵 뒤집으려고 찾아온 미치광이나 불한당으로 여길 뿐이었다. 결국 두 사람을 데리고 가서 흙투성이가 되도록 사정없이 마구 때린 뒤에 철창 안에 가둬 온 시장 사람들의 구경거리가 되게 했다. 그렇게 두 사람은 한동안 그곳에 갇혀 사람들의 온갖 희롱과 욕, 분노를 받아 내야 했고, 시장의

두 사람이 상인들의 심기를 건드렸던 진짜 이유는

그들이 상인들의 상품을 아주 하찮게 여겨

눈길조차 주지 않았기 때문이다.

크리스천과 신실은 죽도록 두들겨 맞고 쇠사슬에 묶였다.

하지만 그들은 더욱 지혜롭게 행동하면서

자신들에게 날아오는 조롱을

끝까지 담담하게 받아 냈다.

관리자는 두 사람을 보며 고소해했다. 하지만 두 사람은 인내하며 악을 악으로 갚지 않고, 오히려 그들을 향해 복을 빌어 주고 덕담을 해 주었다.

그러자 시장에 있던 사람들 가운데 분별력이 있고 편견이 없는 사람들은 계속해서 두 사람을 못살게 구는 비열한 자들을 말리고 나무라기 시작했다. 비열한 자들은 화가 나 그들이 철창 안의 두 사람만큼이나 나쁜 자들이고 아예 한통속이니 함께 벌을 줘야 한다며 길길이 날뛰었다. 그러자 두 사람을 옹호하는 무리는 그들이 개미 새끼 한 마리 죽이지 못할 만큼 온유한 사람들이며, 오히려 시장 장사꾼들 가운데 철창에 갇혀 조롱을 받아야 마땅한 사람이 더 많다고 맞받아쳤다.

양쪽에서 거친 말싸움이 오가다 (이런 상황에서도 크리스천과 신실은 더없이 지혜롭고 침착한 모습을 보이고 있었다) 급기야 서로 주먹질이 오가기 시작했다. 얼마 뒤 두 사람은 다시 심문자들 앞으로 끌려갔고, 시장에서 난동을 부린 죄로 유죄 판결을 받았다. 그래서 다시 죽도록 두들겨 맞고 쇠사슬에 묶였다. 그리고 두 사람을 옹호하거나 두 사람의 행동에 가담하는 자들은 누구든 이 꼴이 된다는 본보기로서 쇠사슬에 묶인 채 시장 여기저기로 끌려다녔다.

하지만 크리스천과 신실은 더욱 지혜롭게 행동하면서 자신들에게 날아오는 조롱을 끝까지 담담하게 받아 냈다. 그러자 비록 소수에 불과했지만 시장 사람 가운데 몇 사람이 두 사람의 편으로 돌아섰다. 그 모습에 대적들은 더욱 길길이 날뛰며 두 사람을 쳐 죽여야 한다고 아우성을 쳤다. 두 사람은 철창이나 쇠사슬로 교화될 자들이 아니니 시장에서 난동을 피우고 시장 사람들을 속인 죄로 아예 죽여야 마땅하다고 고래고래 소리를 질렀다. 그리하여 두 사람은 새로운 명령이 내려오기 전까지 다시 철창에 갇히고 다리에 단단히 족쇄가 채워졌다.

감옥 안에서 두 사람은 신실한 친구인 전도자에게서 들은 말을 다시 떠올리며 이 고난의 길이 옳은 길이라고 더욱 확신하게 되었다. 그러면서 두 사람은 누가 죽든 그것이 더 큰 복이라는 말로 서로를 위로했다. 사실, 두 사람은 지금의 상황이 너무 고통스러웠으므로 그 복이 자신에게 돌아오기를 마음속으로 바라고 있었다. 하지만 그들은 어떤 결과를 맞든 모든 일을 주관하시는 하나님께 모든 것을 맡기면서 지금 이곳에서 끝까지 인내하기로 결심했다.

두 사람의 재판일이 정해졌고, 그날이 오자 두 사람은 적들 앞으로 끌려가 심문을 받았다. 재판관의 이름은 선을 혐오하는 경^{Lord Hate-good}이었다. 고발장에 쓰인 표현은 다양했지만 핵심은 다음과 같이 똑같았다.

"두 사람은 우리의 적이자 우리의 장사를 방해한 자들이다. 우리 마을에서 소란과 분열을 일으키고, 우리 왕의 법을 무시하는 위험천만한 사상으로 사람들을 현혹시켰다."

그러자 신실은 자신들이 하늘에 계신 지극히 높으신 분께 대적하는 자들을 대항했을 뿐이라고 대답했다. "소동에 관해서는 나와 전혀 무관한 일입니다. 나는 누구보다도 평화를 사랑하는 사람입니다. 사람들을 현혹시켰다고 하시는데, 그들은 우리의 진리와 무고함을 보고 우리에게 끌렸을 뿐입니다. 그들은 단지 악에서 선으로 돌아선 것일 뿐입니다. 당신들이 말하는 왕은 바알세불로 우리 하나님의 적이니, 우리는 그와 그의 부하들에게 맞설 수밖에 없습니다.”

이어서 재판관은 자신들의 왕을 위해 죄수의 잘못을 증언할 사람은 누구든 앞으로 나오라고 지시했다. 그러자 질투Envy와 미신Superstition, 아첨쟁이Pickthank까지 세 사람이 증인으로 나섰다. 재판관은 그들에게 죄수를 아는지, 그리고 자신들의 왕을 위해 죄수의 어떤 잘못을 증언하겠냐고 물었다. 먼저 질투가 앞으로 나와 말했다.

질투   ／   재판관님, 저는 오랫동안 이 사람을 알고 지냈습니다. 이 엄숙한 법정 앞에서 맹세하건대 이자는…….
재판관   ／   잠깐! 먼저 선서를 하시오.
질투   ／   (선서를 하고 나서) 존경하는 재판관님, 이자는 '신실'이라는 그럴듯한 이름과는 전혀 어울리지 않게 우리나라에서 가장 비열한 자 가운데 하나입니다. 이자는 왕으로부터 시작해 백성과 법, 관습까지 모두 무시하고 믿음과 경건의 원칙이라는 요사스러운 말로 사람들을 호리는 데만 혈안이 된 자입니다. 특히 한번은 이자가 기독교와 우리 헛됨의 마을의 관습이 서로 상극이라서 불과 기름처럼 섞일 수 없다고 하는 말을 똑똑히 들었습니다. 이는 우리의 훌륭한 관습과 그 관습을 지키는 우리를 완전히 무시하는 발언이 분명합니다.

재판관은 자신들의 왕을 위해 죄수의 잘못을 증언할 사람은
누구든 앞으로 나오라고 지시했다.
그러자 질투와 미신, 아첨쟁이까지 세 사람이 증인으로 나섰다.

재판관 ╱ 더 할 말은 없소?

질투 ╱ 존경하는 재판관님, 할 말이야 많지만 다 말하려면 밤을
새도 모자랄 겁니다. 다른 증인들의 증언을 듣고 나서 이
자를 처형시키기에 아직 모자라다 싶으면 제가 다시 나서
서 확실히 증언을 해 드리지요.

재판관은 질투에게 옆에 서 있으라고 지시한 뒤에 미신을 불러
죄인의 얼굴을 확인하라고 했다. 그는 미신에게 왕을 위해 죄인의
어떤 잘못을 증언할 수 있는지 물었다. 그러자 미신이 선서를 하고
나서 증언을 시작했다.

미신 ╱ 존경하는 재판관님, 저는 이자를 딱히 잘 알지 못하고 더
알고 싶은 생각도 없습니다. 하지만 이것만큼은 확실합니
다. 일전에 마을에서 잠시 대화를 나눠 보니, 이자는 지독
한 전염병 같은 존재더군요. 글쎄, 우리의 신앙이 쓸모없
어서 하나님을 전혀 기쁘시게 할 수 없다고 하는 게 아니
겠습니까? 이자의 말에 따르자면, 우리가 헛된 것을 예배
하고 있고, 여전히 죄 가운데 있으며, 따라서 결국 멸망한
다는 뜻이 아니고 무엇이겠습니까? 제가 드릴 말씀은 여
기까지입니다.

이번에는 아첨쟁이가 선서를 하고 나서 자신의 왕을 위해 죄수

의 잘못을 증언하기 시작했다.

아첨쟁이 ⟋ 존경하는 재판관님, 이자는 제가 오랫동안 알고 지낸 자인데, 이자가 차마 해서는 안 되는 말을 하는 것을 똑똑히 들었습니다. 이자는 저희의 고귀한 왕이신 바알세불 님을 악담하고 그분의 충성스러운 신하들인 옛사람 경Lord Old Man, 육신의 쾌락 경Lord Carnal Delight, 사치 경Lord Luxurious, 허영 경Lord Desire-of-Vain-Glory, 저와 오랜 친분이 있는 음란 경Lord Lechery, 탐욕 경Sir Having Greedy을 비롯한 저희 모든 귀족에 관해 함부로 이야기했습니다. 그뿐이 아닙니다. 모든 사람이 자신과 같은 생각을 가진다면 이런 귀족들이 더 이상 이 마을에 발을 붙일 수 없을 거라고 하더군요. 심지어 이자는 재판장님에 관한 욕도 서슴지 않았습니다. 재판장님을 악당이라고 부를 뿐 아니라, 우리 마을 귀족들에게 사용했던 온갖 지저분한 표현을 재판장님께 갖다 붙였습니다.

아첨쟁이의 증언이 끝나기 무섭게 재판장은 죄수를 노려보며 호통을 쳤다. "이 변절자요 이교도이며 반역자인 놈아! 이 정직한 증인들이 하는 말을 똑똑히 들었느냐?"

신실 ⟋ 저를 변호하기 위해 몇 마디만 드려도 되겠습니까?
재판관 ⟋ 어, 이놈 봐라. 너는 더 이상 살 가치도 없는 놈이다. 당장 죽여도 시원치 않은 놈이란 말이다. 하지만 내가 워낙 관대한 사람이라서 큰마음 먹고 허락해 주겠으니 어디 한번 지껄여 보거라.

신실 ╱ 먼저 질투 씨의 말에 관해서 답변하자면, 저는 단지 하나님의 말씀에 어긋난 규율이나 법, 관습, 사람들에 대해 기독교 신앙에 반대된다고 말했을 뿐입니다. 이것이 잘못이라면 납득할 만한 이유를 대 주십시오. 그렇게 하시면 얼마든지 제 말을 취소하겠습니다.

둘째, 미신 씨가 한 말에 관해서 답변하자면, 저는 단지 하나님을 예배하려면 진정한 믿음이 필요하다고 말했을 뿐입니다. 하지만 하나님의 뜻을 제대로 알지 못하고서는 진정한 믿음이 있을 수 없지요. 하나님의 뜻과 다른 예배는 기껏해야 인간적인 믿음으로 행하는 헛된 예배에 불과합니다. 그런 믿음으로는 절대 영생을 얻을 수 없습니다.

셋째, 아첨쟁이 씨가 한 말에 관해서 답변하자면, 저는 상스러운 표현을 사용한 적이 없습니다. 다만, 이 마을의 왕은 물론이고 아첨쟁이 씨가 나열한 오합지졸들이 이 마을과 나라보다는 지옥에 더 어울리는 자들이라고 말했을 뿐입니다. 오, 주님, 제게 자비를 베푸소서!

신실의 말이 끝나자 재판관은 내내 옆에 서서 듣고 있던 배심원단을 향해 말했다.

여러분, 보다시피 이자는 우리 마을에서 큰 소동을 일으켰습니다. 앞서 훌륭한 분들의 증언을 잘 들으셨겠죠? 물론 죄인의 변론도 잘 들으셨을 테고요. 자, 이제 이자를 죽일지 살릴지는 여러분의 판단에 달려 있습니다. 하지만 먼저 여러분에게 우리의 법을 알려 드리는 것이 적절할 듯합니다.

우리 왕의 신하인 바로왕 시대에 제정된 법이 한 가지 있습니다. 이교도가 마구 불어나서 너무 강성해지지 않도록 그들의 사내아이는 강에 던져 버리라는 법이었지요.[출 1:22] 우리 왕의 또 다른 신하인 느부갓네살왕 시대에 제정된 법도 있습니다. 그것은 황금 신상에 엎드려 절하지 않는 자는 누구든 풀무불에 던져 버리라는 법이었지요.[단 3장] 다리오왕 시대에 제정되어 한동안 시행된 법도 있습니다. 누구든지 왕 이외에 다른 신에게 절하는 자는 사자 굴에 던져 버리라는 법이었지요.[단 6장] 이 반역자는 바로 이런 법들을 생각뿐 아니라 말과 행동으로도 어겼습니다. 이건 도저히 용납할 수 없는 일이지요.

바로왕의 법은 언제 일어날지 모르는 죄악을 방지하기 위해 제정된 것이지요. 하지만 이번 경우는 범죄가 분명히 일어났습니다. 두 번째와 세 번째 법에 비추어 봐도, 이자는 분명 우리의 종교를 모욕했습니다. 이자가 자기 입으로 고백한 반역죄는 죽어 마땅한 죄입니다.

배심원들이 앞으로 나왔는데 그들의 이름은 맹목^{Blind-man}, 불량^{No-good}, 악의^{Malice}, 호색^{Love-lust}, 방탕^{Live-loose}, 무모^{Heady}, 거만^{High-mind}, 증오^{Enmity}, 거짓말쟁이^{Liar}, 잔인^{Cruelty}, 빛 혐오^{Hate-light}, 완강^{Implaceble}이었다. 그들은 만장일치로 피고의 유죄를 주장했다. 그리고 그들의 대장 격인 맹목이 먼저 입을 열었다. "이자는 이교도가 확실합니다."

이번에는 불량이 목소리를 높였다. "저런 놈은 이 땅에서 사라져야 합니다!"

그러자 악의가 받아쳤다. "꼴도 보기 싫은 자요!"

그다음은 호색이었다. "도저히 참을 수 없는 자입니다."

방탕이 거들었다. "나도 계속해서 나를 욕하는 자를 더 이상 용납할 수 없습니다."

무모도 가만히 있지 않았다. "길게 이야기할 필요도 없이 당장 처형시킵시다."

이번에는 거만이 나섰다. "웃기지도 않는 놈이군!"

이번에는 증오였다. "화가 치밀어서 이거 원."

거짓말쟁이도 비아냥거렸다. "저자는 불한당입니다."

이번에는 잔인이 씩씩거렸다. "저런 자에겐 목을 매다는 것도 과분하지요."

빛 혐오도 한마디를 했다. "빨리 처형해 버립시다."

완강은 듣던 대로 완강했다. "온 세상을 준다 해도 저자는 봐줄 수 없습니다. 어서 죽여 버립시다."

결국 유죄 판결이 내려졌고, 신실을 인간이 고안한 가장 잔인한 방법으로 죽이기로 결정되었다. 그리하여 그들은 신실을 법대로 처리하기 위해 밖으로 끌고 나왔다. 먼저 그들은 신실에게 지독한 채찍질과 매질을 가한 뒤에 칼로 살점을 도려냈다. 그러고 나서 돌을 던지고 칼로 찔렀다. 마지막으로 그를 말뚝에 묶어 한 줌의 재로 태워 버렸다. 그렇게 신실은 죽음을 맞았다.

그때에 내가 보니, 군중 뒤로 두 마리 말이 끄는 마차 한 대가 신실을 기다리고 있었다. 적들이 신실을 처형하자마자 그 마차가 신실을 태워 곧장 구름을 뚫고 나팔소리가 울려 퍼지는 천국 문으로 날아올라 갔다. 그렇게 신실은 가장 빠른 길로 천국에 이르렀다.

한편, 크리스천은 사형 집행이 연기되는 바람에 감옥으로 돌아가 한동안 기다리게 되었다. 하지만 만물을 주관하시는 분이 마을에 소동을 일으키셨고, 크리스천은 그 틈을 타서 탈출할 수 있었다. 크리스천은 다시 길을 떠나며 이렇게 노래했다.

오, 신실이여, 끝까지 하나님께 충성했으니
하나님이 그대에게 복을 주시리라.
믿음 없는 자들은 헛된 쾌락을 즐기다가
지옥의 고통 속에서 신음하나
신실은 노래하리라, 노래하리라.
그리고 그대의 이름은 영원하리.
저들은 그대를 죽였으나 그대는 영원히 살아 있네!

적들이 신실을 처형하자마자
대기하던 마차가 신실을 태워 곧장 구름을 뚫고
나팔소리가 울려 퍼지는 천국 문으로 날아올라 갔다.
그렇게 신실은 가장 빠른 길로 천국에 이르렀다.

CHAPTER 7

넘어져도
다시 일어나
나아가며

쉽고 안락한 믿음의 쓴 열매

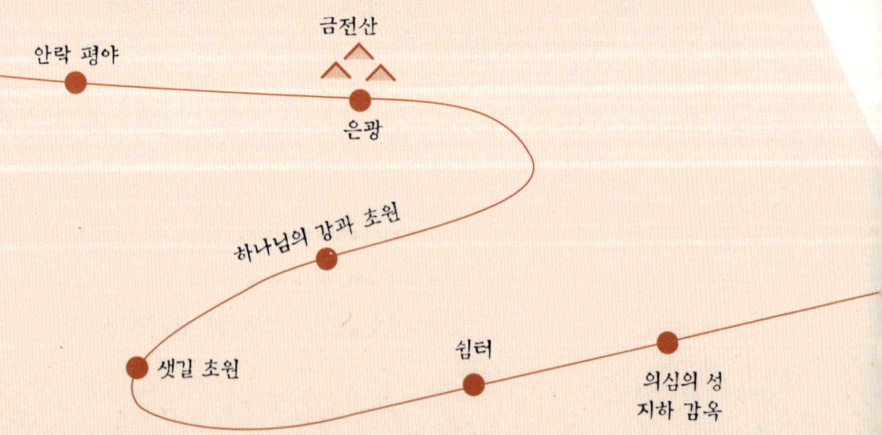

나는 꿈에서 크리스천이 홀로 걷지 않고 누군가와 함께 걷는 것을 보았다. 가만히 보니 그와 함께 걷는 자는 헛됨의 시장에서 크리스천과 신실을 따르며 소망^{Hopeful}으로 불리게 된 사람이었다. 소망은 크리스천과 의형제를 맺고 순례의 길에 동행자가 되었다. 이렇듯 신실은 죽음으로 진리를 증명해 보였고, 그의 육신이 불탄 잿더미 속에서 크리스천과 순례의 길을 함께할 새로운 길동무가 탄생했다. 소망은 오래지 않아 더 많은 시장 사람들이 순례의 길에 나설 것이라고 말했다.

두 사람은 헛됨의 시장에서 빠져나오자마자 앞서 가던 사심^{By-ends}이란 사람을 만나게 되었다. "당신은 어디 사시는 분입니까? 어디까지 가시는지요?" 두 사람이 묻자 사심은 감언이설^{Fair-speech}이란 마을에서 와서 천성을 향해 가고 있다고 말했다. 단, 무슨 이유에서인지 자신의 이름은 밝히지 않았다.

크리스천 ╱ 아, 감언이설^{잠 26:25} 마을이요? 거기도 선한 이웃들이 살고 있습니까?

사심 ／ 물론 살고말고요.

크리스천 ／ 실례지만 이름이 어떻게 되십니까?

사심 ／ 우리는 서로 초면이지만 목적지가 같으니 함께 가면 어떻겠습니까? 싫으시다면 어쩔 수 없지만 말입니다.

크리스천 ／ 감언이설 마을이라면 들어본 적이 있습니다. 부유한 동네로 기억합니다만.

사심 ／ 암, 그렇고말고요. 그곳에 있는 내 친척들도 돈이 아주 많지요.

크리스천 ／ 실례가 아니라면 친척 분들이 누구신지 물어도 되겠습니까?

사심 ／ 감언이설 마을 사람 거의 모두가 내 친척입니다. 특별히 유명한 분을 소개하자면 배신Turn-about 어르신과 기회주의자Time-server 어르신, 감언이설Fair-speech 어르신이 있지요. 사실, 우리 마을의 이름은 감언이설 어르신의 이름을 따서 지은 것이랍니다. 얼렁뚱땅Smooth-man 씨와 양다리Facing-both-ways 씨, 무소신Anything 씨도 빼놓을 수 없지요. 우리 교구 목사님이신 일구이언Two-tongues 씨는 우리 어머니의 배다른 남동생입니다. 우리 증조부는 속임수를 일삼던 한낱 뱃사공에 불과했지만 나는 꽤 출세했답니다. 사실, 나도 배를 저어 대부분의 재산을 벌긴 했지요.

크리스천 ／ 결혼은 하셨나요?

사심 ／ 물론이지요. 내 아내는 정숙한 장모님의 딸답게 아주 정숙한 여인입니다. 아내는 아주 유력한 가문 출신인 가식

부인^{Lady Feigning}의 딸이랍니다. 워낙 교육을 잘 받고 자라서 귀족 앞에서든 서민 앞에서든 어떻게 처신해야 할지 정확히 아는 사람이지요. 물론 우리 신앙이 엄격한 신앙과는 좀 다른 면이 있기는 하지만, 그것은 기껏해야 사소한 한두 가지 차이일 뿐이지요. 우리는 시류에 역행하지 않아요. 한 가지 더 말씀드리자면, 우리는 신앙이 세상의 환호를 받을 때만 열심히 신앙생활을 한답니다.

이 말에 크리스천은 살짝 옆으로 비켜 소망에게 조용히 속삭였다. "아무래도 이 사람은 감언이설 마을의 사심이란 자 같군요. 그가 맞다면 우리가 그 지역 사람들 못지않은 천하의 악질을 만났습니다." 그러자 소망이 말했다. "한번 가서 물어보세요. 자기 이름이 부끄러운 줄도 모르는 자 같으니까 말이에요." 크리스천은 다시 사심에게 다가가 말을 걸었다.

크리스천 ✓ 세상 누구보다도 많은 것을 아시는 분 같은데, 내 짐작이 틀리지 않았다면 당신은 감언이설 마을의 사심 씨입니다. 그렇지요?

사심 ✓ 그건 내 이름이 아니에요. 나를 싫어하는 자들이 제멋대로 갖다 붙인 별명일 뿐이지. 하지만 착한 내가 참아야지 어쩌겠어요?

크리스천 ✓ 그런 이름으로 불릴 만한 행동을 전혀 하지 않았단 말인가요?

사심 ― 물론이지요! 하지만 굳이 그럴 만한 일을 찾는다면, 나는 항상 운 좋게 시류에 맞는 판단을 내려 승승장구한 것밖에 없어요. 복이 저절로 굴러 들어온 걸 난들 어쩌겠습니까? 그걸 갖고 시비를 걸면 쓰겠습니까?

크리스천 ― 당신에 관해서 들은 바가 있습니다. 내가 들은 소문이 사실이라면 사심이 당신에게 딱 어울리는 이름이 맞는 것 같군요.

사심 ― 뭐, 그렇게 생각한다면 나로서는 어쩔 수 없지요. 하지만 당신들이 나를 길동무로 받아준다면 가는 길이 심심치는 않을 겁니다.

크리스천 ― 우리와 함께 가려면 시류에 역행해야 하는데, 그건 싫다고 하지 않았나요? 또한 우리와 함께하려면 세상의 칭송을 받을 때만이 아니라, 손가락질을 받고 쇠창살에 갇힐 때도 믿음을 지켜야 하는데, 괜찮겠습니까?

사심 ― 누구도 내 믿음을 갖고 이래라저래라 할 권리는 없지요. 내 믿음에 참견만 하지 않는다면 당신들과 기꺼이 동행해 드리지요.

크리스천 ― 그럴 수는 없습니다. 우리와 함께 믿음으로 순례의 길을 걷지 않겠다면 당신과 한 발자국도 함께 가지 않겠어요.

사심 ― 내 오랜 원칙을 버릴 수는 없지요. 아무런 해도 되지 않고 오히려 유익하기까지 한 내 원칙을 가지고 왜 이리 난리

들인지. 같이 가기 싫다면 그만 두시지요. 당신들이 아니더라도 가다 보면 마음 맞는 길동무가 나타나겠지요.

나는 꿈에서 크리스천과 소망이 사심을 앞질러서 멀리 가고 있는 모습을 보았다. 두 사람이 길을 걷다 문득 뒤를 돌아보니 사심을 따라오는 세 사람이 보였다. 이윽고 만난 그들은 서로 반갑게 인사를 주고받았다. 세 사람은 사심이 예전부터 알고 지내던 사람들로, 그들의 이름은 세상 집착^{Hold-the-world}과 돈 사랑^{Money-love}, 구두쇠^{Save-all}였다.

그들은 어릴 적에 북쪽 탐욕^{Coveting} 도시의 이익 사랑^{Love-gain} 마을에서 같은 학교를 다니며 움켜쥐기^{Gripe-man} 씨라는 선생에게서 배운 자들이었다. 이 선생은 그들에게 무력, 속임수, 아첨, 거짓말을 사용하든 신자를 사칭하든 수단과 방법을 가리지 않고 원하는 것을 얻어내는 기술을 가르쳤다. 이 네 사람은 그 방면에서라면 각자 따로 학교를 세워도 될 정도로 움켜쥐기 선생의 기술을 완벽히 터득했다.

서로 요란한 인사를 나누고 나자 돈 사랑이 사심에게 말했다.

돈 사랑 ╱ (크리스천과 소망은 아직 그들의 시야 안에 있었다.) 저 앞에 있는 자들은 누군가?

사심 ╱ 먼 곳에서 온 자들이네. 자기들만의 방식으로 순례를 하고 있더군.

돈 사랑 ╱ 그래? 그렇다면 왜 우리를 기다렸다가 같이 가지 않고 그

"정말 답답하기 그지없는 사람들이더군.
날씨가 좋든 나쁘든 상관없이 길을 가야 한다고 고집을 부리지 뭐야.
나는 안전하고 편안한 환경에서 신앙생활을 하는 것이
합당하다고 생각하네."

냥 가는 것인가? 우리나 그들이나 순례의 길을 가는 것은 어차피 마찬가지인데 함께 가면 좋지 않은가?

사심 ╱ 그러게 말이네. 하지만 저들은 꽉 막혔어. 자기 생각으로 가득 차 있어서 남들의 생각은 도무지 받아들일 줄 모르는 자들이지. 아무리 경건한 사람도 그들 앞에서는 맥을 못 출 것이 분명하네. 그들은 작은 흠만 발견해도 가차 없이 배척하는 사람들이야.

구두쇠 ╱ 그것 참 몹쓸 사람들이군. 하긴, 자신의 의가 너무 강해서 자기 자신 말고는 모두 비판하고 정죄하는 사람들이 있다던데. 그런데 도대체 어떤 면에서 자네와 생각이 다르던가?

사심 ╱ 정말 답답하기 그지없는 사람들이더군. 날씨가 좋든 나쁘든 상관없이 길을 가야 한다고 고집을 부리지 뭐야. 하지만 알다시피 순풍이 불어올 때까지 기다릴 줄도 알아야 하지 않는가? 저들은 하나님을 위해 모든 위험을 감내해야 한다고 주장한다네. 하지만 사람이 자기 목숨과 재산을 지키기 위해서 수단과 방법을 가리지 않을 줄도 알아야지.

저들은 세상 모두가 손가락질해도 믿음을 지키겠다고 하네만, 나는 안전하고 편안한 환경에서 신앙생활을 하는 것이 합당하다고 생각하네. 저들은 비난을 받고 만신창이가 되어도 믿음을 지키겠다고 말하지만, 나는 그렇게 힘들게 신앙생활을 할 생각이 추호도 없네.

 ― 선한 사심 형제여, 자네의 신념을 절대 굽히지 말게. 가진 것을 지킬 자유가 있는데도 어리석어 잃어버리는 저들은 그야말로 바보로군. 우리는 뱀처럼 지혜롭게 사세. 건초는 해가 쨍쨍할 때 말리는 것이 옳지. 벌도 겨울에는 몸을 움츠리고 있다가 꽃이 피는 시절에 움직이지 않는가? 하나님이 비를 내리실 때도 있고 햇빛을 주실 때도 있는데, 저 어리석은 자들이 빗속으로만 가겠다면 가게 놔두고 우리는 화창한 날씨에 가도록 하세.

나는 하나님의 복을 받으며 신앙생활을 하고 싶네. 하나님이 이생의 좋은 것들을 주셨는데 그것을 마다하는 사람이 과연 생각이 있는 사람인가? 아브라함과 솔로몬도 믿음 덕분에 부자가 되었네. 욥은 악인이 티끌같이 쌓은 은을 의인이 차지할 것이라고 말했지.^{욥 27:16-17} 그런데 자네의 말대로라면 우리 앞에 있는 저자들에게는 해당되지 않는 얘기 같군.

 ― 다들 생각이 같으니 이 이야기는 더 길게 말할 필요가 없는 것 같네.

 ― 그렇네. 이 문제는 더 이상 왈가왈부할 필요가 없어. 우리와 달리 성경을 믿지 않고 이성의 지혜로운 판단도 믿지 않는 자들에게는 자유도 부귀영화도 먼 나라 이야기일 뿐이지.

 ― 이보게 친구들, 저자들로 인해 망쳐 버린 기분도 달랠 겸,

분위기 전환용으로 한 가지 질문을 해 보겠네. 어떤 사람이 있다고 하세. 이를 테면 목사일 수도 있고 상인일 수도 있네. 이생의 복을 받기 위해 눈앞의 기회를 잡고 싶은데 그 기회를 잡는 방법이 전에는 아무런 관심도 없던 종교 활동에 남다른 열정을 품는 것이라고 해 보세. 그렇다면 그가 목적을 이루기 위해 이런 방법을 쓰는 것이 잘못된 일이라고 할 수 있겠는가?

돈 사랑 〜 자네 질문의 요지를 잘 알겠네. 다들 괜찮다면 내가 대답해 보겠네. 먼저 목사의 입장에서 말해 보지. 어느 목사가 훌륭한 사람인데 봉급을 쥐꼬리만큼 받고 있어서 훨씬 더 풍요로운 삶을 동경하고 있다고 해 보세. 그런데 이제 그가 그런 삶을 얻을 기회를 얻었고 이를 위해 목회와 설교를 더 열심히 한다면, 또 교인들의 기호에 맞춰 원칙을 살짝 타협한다고 해 보세. 내가 볼 때 그가 하나님께 소명을 받은 것이 확실하다면, 목적을 가지고 목회 활동을 열심히 하는 것이 잘못됐다고 볼 이유는 전혀 없네. 그 이유는 네 가지이지.

첫째, 그 목사가 더 많은 봉급을 원하는 것은 자연스러운 일이네. 오히려 이번 기회를 하나님이 주신 기회로 받아들이고 열심히 노력해서 자신의 바람을 이루는 건 전혀 양심에 어긋난 일이 아니네.

둘째, 그 목사가 더 많은 봉급을 받기 위해 더 열심히 목회하고, 그래서 더 훌륭한 목사가 된다면 그것은 하나님의 뜻에 합당한 일이 아니겠는가?

셋째, 그 목사가 사람들의 기호에 따라 자신의 원칙 가운데 일부를 타협하는 것은 그가 자기를 부인하는 성품을 지녔고, 온화하고 호감 있는 태도를 지녔으며, 따라서 목회에 더 합당한 인물이라는 뜻이라네.

넷째, 결론적으로 말하자면 큰일을 위해 사소한 것을 타협하는 목사가 탐욕스러운 사람으로 비난받아야 할 이유는 전혀 없네. 오히려 자신의 소명을 좇기 위해 더 열심히 노력하고 선을 행할 기회를 붙잡은 사람으로 불려야 마땅하네.

이번에는 상인에 대해 답변해 보겠네. 장사가 되지 않아 손가락만 빨던 상인이 자신의 사업을 위해 신앙생활을 시작했다고 해 보세. 그랬더니 갑자기 더 많은 손님이, 그것도 부유한 손님이 몰려와 물건이 날개 돋친 듯이 팔리고 부자 아내까지 얻었다고 해 보세. 나는 이것을 잘못으로 볼 이유가 전혀 없다고 생각하네. 이유는 이렇다네.

먼저, 부자가 되려는 목적으로 신앙생활을 시작했다고 할지라도 신앙생활 자체는 칭찬받아 마땅한 일이네. 또한 부자 아내를 얻거나 더 많은 손님을 얻는 것도 전혀 잘못이 아니지. 게다가 신앙생활을 해서 부유한 아내와 금전적 이익을 얻고 거기에다 신앙인까지 되었으니 일석이조,

아니 일석삼조가 아닌가? 따라서 상인의 경우 역시 목적을 가진 신앙생활이 잘못됐다고 할 이유가 전혀 없는 것이네.

사심의 질문에 돈 사랑이 내놓은 답변은 모두에게 박수갈채를 받았다. 모두가 훌륭하고 유익한 답변이었노라 입을 모아 칭찬했다. 누구도 반박할 수 없는 답변이라고 확신한 그들은 크리스천과 소망이 멀지 않은 곳에 있는 것을 보고 당장 쫓아가 이 질문으로 공격하자며 의기투합했다. 그들은 사심의 심기를 건드린 자들에게 따끔한 맛을 보여 줘야 한다며 두 사람을 불러 세웠다. 그들이 부르는 소리를 들은 크리스천과 소망은 발걸음을 멈춰 그들이 가까이 올 때까지 기다렸다. 사심과 그의 친구들은 이전 일로 두 사람과 사심 사이에 앙금이 남아 있을 것이니 세상 집착이 대신 질문을 던지는 편이 낫겠다고 모의했다.

마침내 두 무리가 만났고 그들은 간단한 인사를 나누었다. 그러고 나서 세상 집착이 크리스천과 소망에게 대답할 수 있으면 해 보라며 의기양양하게 질문을 던졌다.

크리스천　어린아이라도 누워서 답변할 수 있는 질문이군요. 단순히 떡을 위해 그리스도를 따르는 것도 잘못인데, 신앙을 세상 쾌락을 얻기 위한 수단으로 삼는 것은 얼마나 더 악한 일인가요?요 6장 그러니 그런 짓을 하는 자들은 이교도와 위선자, 악마나 마녀와 다름없습니다.

이교도들인 하몰과 세겜을 첫 번째 예로 들어 생각해 보겠습니다. 그들은 야곱의 딸과 가축이 탐이 났는데 할례를 받지 않고서는 그들에게 접근할 방법이 없자 서로 이렇게 말했습니다. "우리도 저들처럼 모든 남자가 할례를 받으면 저들의 가축을 비롯한 모든 재산이 우리의 차지가 될 것이다." 그들이 노리는 것은 야곱의 딸과 가축이었고, 그들의 종교 행위는 그 목적을 이루기 위한 수단에 불과했습니다. 창 34:20-23 나머지 이야기는 성경을 읽어 보시지요.

둘째, 위선자인 바리새인들도 이런 식으로 신앙을 이용했지요. 긴 기도는 위장 전술일 뿐 그들이 노리는 것은 과부의 재산이었습니다. 그로 인해 그들은 하나님께 더 큰 심판을 받았습니다. 눅 20:46-47

셋째, 악마 같은 가룟 유다도 이런 식으로 신앙을 이용했습니다. 그는 돈을 벌 생각에 신앙생활을 시작했지만, 결국 지옥 불에 떨어지는 신세가 되고 말았음을 기억하실 것입니다. 마 27:3-10

넷째, 마술사 시몬도 자신의 이익을 위해 신앙을 이용했어요. 그는 돈벌이에 이용할 생각으로 성령을 얻고자 했다가 베드로에게 호된 꾸지람만 듣고 말았습니다. 행 8:18-23

다섯째, 세상을 위해 믿음을 추구하는 자는 반드시 세상을 위해 믿음을 저버리게 될 것입니다. 가룟 유다는 세상을 얻기 위해 믿음 생활을 시작했기 때문에 결국 같은 이유로 주님과 자신의 믿음을 팔아넘겼습니다. 여러분은 이 질문에 "그렇게 해도 좋다"라고 답하셨겠지만, 그런 생각은 이교도적이고 위선적이며 악마적인 것입니다. 따라서 반드시 그에 합당한 보응을 받게 될 것입니다.

크리스천의 대답에 그들은 서로를 멀뚱멀뚱 쳐다만 볼 뿐 누구 하나 나서서 제대로 대응하지 못했다. 소망까지 크리스천의 답변에 동조를 하자 그들은 더더욱 꿀 먹은 벙어리처럼 아무 말도 하지 못했다. 사심 일행은 쭈뼛거리며 뒤로 물러났고, 크리스천과 소망은 성큼성큼 앞장서 나갔다.

잠시 뒤에 크리스천이 소망에게 말했다. "저자들이 사람의 꾸지람에도 꼼짝하지 못하는데 하나님의 심판을 어떻게 견뎌내겠어요? 질그릇도 감당하지 못해 아무 말 못하는 자들이 집어삼킬 듯 타오르는 불길의 꾸지람을 어찌 감당하려는지 말입니다."

사심 일행을 앞질러 가던 크리스천과 소망은 어느덧 안락^{Ease}이라고 하는 뻥 뚫린 평야에 이르렀다. 그들은 가벼운 발걸음으로 그곳을 걸어갔는데, 작은 평야 지대라 그런지 금방 그곳을 지나오고 말았다. 평야의 끝자락에 금전^{Lucre}이라고 하는 작은 산이 솟아 있었는데, 그 산에는 은광이 하나 있었다. 많은 사람이 희귀한 모습의 그 은광을 보려고 길에서 벗어나 그쪽으로 향했다. 그러다 땅이 무른 줄도 모르고 구덩이 가까이 갔다가 지반이 주저앉아 죽거나 크게 다

치곤 했다.

그때 꿈에서 보니 길에서 조금 벗어난 곳에서 훤칠하게 생긴 데마^{Demas}가 은광 앞에 서서 지나가는 사람들을 유혹하고 있었다. 그가 크리스천과 소망을 보더니 웃으며 말을 걸었다. "자자, 이리 와 보세요. 내가 대단한 것을 보여 드리겠습니다."

크리스천 — 우리가 가던 길을 멈추고 봐야 할 만큼 대단한 게 무엇인가요?

데마 — 여긴 은광입니다. 땅을 조금만 파도 보물이 마구 쏟아져 나오지요. 이곳에서는 조금만 노력해도 갑부가 될 수 있답니다.

소망 — 잠깐만 보고 오는 것은 어떨까요?

크리스천 — 아니요, 나는 가지 않겠어요. 이곳에 관해 들은 적이 있어요. 정말 많은 사람이 이곳에서 목숨을 잃었다고 하더군요. 게다가 보물은 순례의 길을 방해하는 덫에 불과해요.

이어서 크리스천은 데마를 불렀다.

크리스천 — 이곳은 위험한 곳입니다. 이곳에서 많은 사람이 순례를 망쳤어요. ^{호 4:18}

데마 — 조심만 한다면 그리 위험하지 않아요.

하지만 그렇게 말하는 데마의 얼굴이 붉어졌다.

크리스천 ⌐ 저자의 말에 넘어가지 말고 가던 길이나 계속 가는 게 좋
　　　　　겠어요.
소망 ⌐ 장담하건대 이곳에 사심이 있었다면 저 말에 넘어가서 분
　　　　　명히 은광으로 갔을 겁니다.
크리스천 ⌐ 그런 원칙을 가진 자라면 백번 저리로 가고도 남지요. 결
　　　　　국 그자는 그곳에서 목숨을 잃고 말았을 거예요.
데마 ⌐ 정말 와서 보지 않겠소?
크리스천 ⌐ 데마, 당신은 사람들을 우리 주님이 가르치신 옳은 길로
　　　　　가지 못하도록 훼방하는 적이오. 또한 당신은 이미 이 길
　　　　　에서 벗어나서딤후 4:10 우리 주님의 심판관 중 한 분에게 꾸
　　　　　지람을 당한 자요. 그런데 어떻게 우리마저 당신과 같은
　　　　　길을 가게 만들려고 하시오? 만일 우리가 이 길에서 벗어
　　　　　난다면 왕이신 우리 주님께서는 이 모든 사실을 아시게
　　　　　될 것이오. 그러면 우리는 장차 그분 앞에 서게 될 때 부
　　　　　끄러움을 당하게 될 것이오.

　데마가 다시 한 번 두 사람을 부르면서, 자신은 그들의 친구이며
은광에 잠시만 들러 주면 자신도 그들과 동행하겠다고 말했다.

크리스천 ⌐ 당신의 이름은 데마가 아닌가요?

데마　　그렇소. 내 이름은 데마요. 아브라함의 자손이지요.

크리스천　당신을 알고 있소. 게하시가 당신의 증조부이고 가룟 유
　　　　다가 당신의 아버지이지 않소. 당신은 선대의 전철을 그
　　　　대로 밟고 있군요. 당신이 하는 일이 얼마나 사악한 짓인
　　　　지 아시오? 당신의 아버지는 배신자로 목을 매달아 죽었
　　　　는데 당신도 그런 운명을 당해야 마땅한 자요. ^{마 26:14-15;}
　　　　^{27:1-5} 데마 당신은 각오하는 것이 좋을 거요. 하나님을 만
　　　　나면 당신이 저지른 만행을 낱낱이 고할 테니 말이오.

　그렇게 말하고 나서 크리스천과 소망은 제 갈 길을 갔다. 얼마
지나지 않아 저 멀리서 사심 일행이 보였다. 그들은 예상대로 데마
의 유혹에 단번에 넘어가고 말았다. 그들이 구덩이 아래로 떨어졌는
지, 은을 캐려고 땅속으로 들어갔는지, 갱도 바닥에서 흔히 새어나
오는 유독 가스에 질식하고 말았는지는 알 수 없지만, 분명한 사실
은 다시는 그들을 길에서 볼 수 없었다는 것이다. 한편, 크리스천은
노래를 부르기 시작했다.

　　　사심과 은광의 데마는 죽이 맞아서

　　　한쪽이 부르면 다른 쪽이 달려간다네.

　　　서로의 욕심을 채우기 위해서지.

　　　이 세상에 빠진 그들은 더 이상 이 길을 걸을 수 없네.

내가 꿈에서 보니, 크리스천과 소망은 평야의 끝자락에서 길가에 서 있는 낡은 동상을 발견했다. 그들은 언뜻 여자의 형상 같기도 한 동상의 이상한 모양새를 보고 그 정체가 궁금해졌다. 그래서 이리저리 뜯어보았으나 도대체 무슨 동상인지 알 수가 없었다. 소망이 동상의 이마 위에 독특한 필체로 적힌 글을 발견하고는 글을 아는 크리스천에게 읽어 보라고 했다.

크리스천이 와서 잠시 살피더니 "롯의 아내를 기억하라"라는 뜻임을 알아냈다. 두 사람은 그 동상이 멸망하는 소돔에서 탈출하던 롯의 아내가 탐욕스러운 마음으로 뒤를 돌아봤다가 소금 기둥으로 변해 버린 모습이라고 결론을 내렸다.^{창 19:26} 그 기이하고 놀라운 광경을 마주한 두 사람은 이야기를 시작했다.

크리스천 — 소망 형제, 우리가 때마침 이때에 소금 기둥을 보게 되다니 놀랍지 않나요? 데마가 우리더러 은광을 보고 가라고 유혹한 직후가 아닙니까? 만약 우리가 그자의 꾐에 넘어갔다면 우리도 이 여인처럼 지나가는 사람들의 구경거리가 되었을 게 분명해요.

소망 — 데마의 유혹에 잠시라도 흔들렸던 날 용서하세요, 크리스천 형제님! 내가 지금 롯의 아내처럼 되지 않은 것은 천만다행입니다. 내 죄가 롯의 아내와 다를 바가 무엇이겠어요? 물론 내가 롯의 아내처럼 뒤를 돌아보지는 않았지만 돌아보고 싶은 생각을 품었으니 말이에요. 참으로 하나님

"내 죄가 롯의 아내와 다를 바가 무엇이겠어요?
물론 내가 롯의 아내처럼 뒤를 돌아보지는 않았지만
돌아보고 싶은 생각을 품었으니 말이에요."

의 은혜입니다. 잠시나마 그런 생각을 품었던 나 자신이 너무 부끄럽군요.

크리스천 ┌ 이번 일을 거울로 삼아 앞으로 더 조심합시다. 이 여인은 소돔의 멸망에서 한 차례 구원받았지만, 두 번째 심판은 피하지 못했습니다. 그래서 결국 보다시피 소금 기둥으로 변해 버린 거지요.

소망 ┌ 이 일을 반드시 우리의 거울로 삼아야겠어요. 우리는 롯의 아내처럼 죄짓지 말고, 죄의 결과는 심판이라는 사실을 늘 기억합시다. 고라와 다단, 아비람이 죄로 인해 250명과 함께 멸망한 것도 우리가 꼭 기억해야 할 본보기가 아니겠어요?민 26:9-10 이 여인은 길에서 한 발자국도 벗어나지 않았지만 뒤를 돌아봄으로 심판을 받아 소금 기둥으로 변해 버렸습니다. 그런데 정말 이상한 것은 이런 분명한 증거가 눈앞에 있는데도 데마의 무리가 상관없이 재물을 탐하고 있다는 거예요. 어떻게 그럴 수가 있는지 참으로 이해할 수 없습니다.

크리스천 ┌ 참으로 황당한 일이지요. 그것은 분명 그자들의 마음이 구제불능의 상태라는 뜻이겠지요. 마치 경찰관 앞에서 도둑질을 하거나 교수대 아래에서 소매치기를 하는 자들 같다고 할까요? 성경을 보면 소돔 사람들이 여호와 앞에서 죄를 지었기 때문에 큰 죄인이 되었다고 하지 않았나요? 하나님이 소돔 땅을 에덴동산과 같이 만들어 주셨는데도 그들은 아랑곳없이 그분의 목전에서 죄를 지었지요.^창 ^{13:13} 이것이 하나님이 더욱 진노하셔서 하늘에서 유례없이 큰 불을 내리신 이유일 것입니다. 그렇다면 계속된 경고와 본보기에도 불구하고 하나님 앞에서 죄를 짓는 자들은 가장 큰 심판을 받아 마땅하다고 봐야 하지요.

소망 ╱ 정말 그렇습니다. 생각할수록 우리가, 특히 마음이 흔들렸던 내가 그런 멸망의 본보기가 되지 않았으니 얼마나 감사한 일인지요. 하나님께 감사하고 그분을 두려워하며 롯의 아내에 관한 이야기를 늘 기억해야겠어요.

크리스천과 소망은 부지런히 걸어 어느 아름다운 강에 도착했다. 그것은 다윗왕이 "하나님의 강"으로 부르고 요한이 "생명수의 강"으로 부른 강이었다. 시 65:9; 계 22:1-2; 겔 47:1-12 두 사람은 콧노래를 부르며 강둑을 따라 걷다가 목이 마르면 강물을 마시며 지친 몸과 마음을 달랬다. 강의 양편에는 온갖 열매를 맺는 푸르른 나무들도 있었다. 그 잎사귀는 긴 여행에 지친 여행자들에게 각종 병을 예방해 주는 약재로 사용되었고, 그 열매는 입안에서 사르르 녹을 정도로 꿀맛이었다.

강의 양편에는 아름다운 백합이 만발한 초원도 펼쳐져 있었다. 사시사철 푸르른 초원이었다. 이 초원은 평화롭고 안전했기 때문에 두 사람은 그곳에 누워 세상모르고 잠을 잤다. 잠에서 깨면 나무의 열매를 따 먹고 생명수로 목을 축인 다음 다시 누워 잠을 잤다. 며칠

밤낮으로 평화로운 휴식을 취하던 두 사람은 노래를 불렀다.

　　보라, 순례자들을 위로하기 위해

　　길을 따라 흐르는 이 맑고 투명한 강물을.

　　푸르른 초장은 향기를 발하고

　　순례자들을 위해 진미를 내도다.

　　이 나무들이 얼마나 달콤한 과실,

　　그리고 얼마나 아름다운 잎사귀를 내는지 안다면

　　누구라도 당장 전 재산을 팔아 이 밭을 사리라.

　하지만 아직 여행이 끝나지 않았기 때문에 언제까지나 이곳에 머물 수는 없었다. 그리하여 두 사람은 든든히 먹고 마신 뒤에 다시 길을 떠났다.

　그때 내가 꿈에서 보니 두 사람은 얼마 가지 않아 강과 길이 갈라지는 지점을 만났다. 두 사람은 강을 떠나는 것이 무척 아쉬웠지만 길에서 벗어날 수는 없었다. 강에서 벗어나서 뻗어 있는 길은 무척 험난해서 갈수록 두 사람의 발이 아파 왔다. 크리스천과 소망은 점점 지쳐 갔지만 더 좋은 길이 나타나기를 기대하며 힘겹게 걸음을 옮겼다. 그러자 길 왼편으로 초원이 나타났고 그쪽으로 넘어가는 계단이 하나 보였다. 초원의 이름은 샛길 초원By-path Meadow이었다.

　초원을 본 크리스천이 소망에게 말했다. "이 초원이 우리가 가는

보라, 순례자들을 위로하기 위해
길을 따라 흐르는 이 맑고 투명한 강물을,
푸르른 초장은 향기를 발하고
순례자들을 위해 진미를 내도다.
이 나무들이 얼마나 달콤한 과실,
그리고 얼마나 아름다운 잎사귀를 내는지 안다면
누구라도 당장 전 재산을 팔아 이 밭을 사리라.

길과 나란히 뻗어 있다면 그리로 넘어가는 게 어떻겠어요?” 크리스천이 계단 쪽을 살펴보자 울타리 반대편에 현재의 길과 나란히 놓인 길 하나가 눈에 들어왔다.

크리스천 ✧ 아무래도 이 길이 가장 쉬운 길인 것 같군요. 소망 형제, 저리로 넘어갑시다.

소망 ✧ 하지만 이 길이 우리가 가는 길과 완전히 다른 방향이면 어떡합니까?

크리스천 ✧ 내가 보기에 그럴 것 같지는 않아요. 자, 보세요. 지금 걷는 길과 나란히 가고 있지 않아요?

크리스천에게 설득된 소망은 그를 따라 계단으로 갔다. 계단으로 넘어가 초원으로 난 길을 걸어 보니 이전 길보다 발이 훨씬 편했다. 그때 저 앞에서 걷고 있는 한 사람이 보였는데, 그의 이름은 과신^{Vain-confidence}이었다. 두 사람이 과신을 불러 이 길이 어디로 이어지는지 묻자, 과신은 “천성 문이요”라고 말하고는 가 버렸다.

“그것 봐요, 내가 뭐라고 했나요? 이젠 걱정 붙들어 매고 가던 길이나 갑시다.” 크리스천이 말했고, 두 사람은 과신을 따라갔다. 하지만 어느새 날이 저물어 땅거미가 지기 시작하자 과신은 곧 캄캄한 어둠 속으로 사라졌다. 앞서 가던 과신은 한 치 앞도 보이지 않는 어둠 속을 걷다가 그만 깊은 구덩이에 빠져 버렸다. 그 구덩이는 그 땅의 왕이 자신을 과신하는 바보들을 잡기 위해 일부러 파놓은 함정이었다. 그곳에 떨어진 과신은 몸이 갈기갈기 찢어지고 말았다.

　크리스천과 소망은 과신이 구덩이로 떨어지는 소리를 듣고 깜짝 놀라 그를 불렀지만 들려오는 것은 그의 신음 소리뿐이었다. “여긴 도대체 어디인가요?” 소망의 물음에 크리스천은 친구를 잘못된 길로 이끈 것 같아 아무런 대답도 할 수 없었다. 그때 갑자기 무시무시한 천둥과 번개가 치면서 장대비가 쏟아지기 시작했다. 그 바람에 강물이 순식간에 불어났다. 그때까지 속으로 고민하던 소망이 참다못해 말했다.

소망　／　아, 원래 길로 계속 갔어야 하는 건데…….

크리스천　／　이 길이 이렇게 엉뚱한 곳으로 이어질지 정말 몰랐어요.

소망　／　어쩐지 처음부터 내키지가 않더군요. 내가 불안하다고 말하지 않았습니까? 그때 내가 크리스천 형제님을 더 강하게 말렸어야 하는 건데. 형제님이 나보다 이 여행에 대해 더 잘 알고 있으니 형제님의 의견을 믿었어요.

크리스천　／　소망 형제, 미안합니다. 괜히 당신을 잘못된 길로 이끌어서 이렇게 위험하게 만들었군요. 나쁜 뜻으로 그런 건 아니니 부디 용서해 주세요.

소망　／　알아요. 형제님이 일부러 그런 게 아니란 걸. 그리고 이것이 우리에게 좋은 경험이 될지도 모르지 않습니까?

크리스천　／　내가 정말 마음이 넓은 친구를 얻었군요. 어쨌든 이 길은 위험하니 우리 어서 돌아갑시다.

소망　／　그래요. 단, 내가 앞장서겠어요.

크리스천　／　아니에요. 내가 먼저 갈게요. 나 때문에 엉뚱한 길로 오게 되었으니 위험을 만나더라도 내가 먼저여야지요.

소망　／　무슨 말입니까. 지금은 형제님이 먼저 가지 않는 게 좋겠어요. 이렇게 어지러운 마음으로 가다간 또다시 길을 잃고 말 것이 분명해요. 내가 앞장설게요.

그 순간 어디에선가 두 사람을 위로하는 소리가 들려왔다. "큰길 곧 네가 전에 가던 길을 마음에 두라. 돌아오라."렘 31:21 하지만 점점 불어나고 있는 강물 때문에 돌아가는 길도 더없이 위험해졌다. 그때 나는 길에서 벗어나기란 쉽지만 다시 돌아가는 길은 훨씬 더 어렵다는 사실을 깨달았다. 두 사람은 용기를 내서 발길을 돌렸지만 강물이 넘쳐서 열댓 번이나 물에 빠져 죽을 뻔했다.

그렇게 비바람이 몰아치는 캄캄한 밤에 원래의 길로 되돌아가는 것은 아무래도 무리였다. 결국 두 사람은 작은 쉼터를 발견하고 그곳에서 날이 밝을 때까지 기다리기로 했다. 그러나 그들은 너무 지친 나머지 잠이 들고 말았다. 한편, 그곳에서 그리 멀지 않은 곳에 절망의 거인Giant Despair이 다스리는 의심의 성Doubting Castle이 있었다. 두 사람이 잠든 쉼터는 그 거인의 땅이었다.

이튿날 일찍 자기 밭을 둘러보던 거인은 자기 땅 안에서 잠든 크리스천과 소망을 발견했다. 거인은 험악한 목소리로 두 사람을 깨워 어디에서 왔고 자기 땅에서 무엇을 하고 있는지 물었다. 두 그들은 너무 지친 나머지 잠이 들고 말았다.
그곳에서 그리 멀지 않은 곳에
절망의 거인이 다스리는 의심의 성이 있었다.
두 사람이 잠든 쉼터는 그 거인의 땅이었다.

사람은 자신들이 순례자들이며 길을 잃어서 하룻밤 머무르게 되었다고 말했다. 그 말이 끝나기가 무섭게 거인이 호통을 쳤다. "내 땅에 멋대로 들어온 것도 모자라 잠까지 자다니! 당장 끌고 가야겠다!"

거인은 힘이 무척 셌기 때문에 속수무책으로 끌려갈 수밖에 없었다. 또한 자신들의 잘못을 알고 있기에 두 사람은 아무런 대응도 할 수 없었다. 거인은 두 사람을 자신의 성으로 끌고 가 악취가 진동하는 컴컴한 지하 감옥에 가두었다. 거기서 두 사람은 빵 한 조각, 물 한 모금, 빛 한 줄기 없이 수요일 아침부터 금요일 아침까지 갇혀 있었다. 그 사이에 누구 하나 찾아오거나 그들이 앞으로 어떻게 될지 말해 주는 이도 없었다. 그렇게 두 사람은 고립된 채 흑암에서 벌벌 떨어야 했다.^{시 88:18} 더욱이 크리스천은 자신의 어리석은 판단으로 소망까지 이 위험에 빠뜨린 터라 더욱 비탄에 빠져 있었다.

절망의 거인에게는 자신 없음^{Diffidence}이라는 이름을 가진 아내가 있었다. 잠자리에 누운 거인은 아내에게 침입자 두 사람을 잡아 감옥에 처넣었다며, 그들을 어떻게 처리하면 좋겠냐고 물었다. 부인은 그들이 어떤 사람들인지에 대해 물었고 거인은 아는 바를 말해 주었다. 잠시 생각하던 부인은 아침에 일어나면 그들을 인정사정없이 흠씬 두들겨 패 주라고 말했다.

아침이 오자 거인은 돌능금나무 몽둥이를 갖고 지하 감옥으로 들어가 두 사람을 잔인하게 조롱했다. 그러더니 무자비하게 달려들어 바닥에 쓰러진 두 사람이 몸도 가누지 못할 정도로 때렸다. 한참 만에 거인은 매질을 멈추고 가 버렸고, 두 사람은 종일 바닥에 쓰러져 신음하며 자신들의 비참한 처지를 고통스러워했다.

그날 밤 남편과 두 사람에 관해 이야기하던 거인의 부인은 두 사람이 아직 살아 있다는 사실을 알고서 두 사람이 스스로 목숨을 끊게 유도하라고 말했다. 그리하여 아침이 오자 거인은 전날처럼 포악한 모습으로 두 사람에게 달려갔다. 두 사람이 전날 맞은 매로 끙끙거리는 모습을 본 거인은 어차피 다시는 바깥 빛을 볼 일이 없으니 칼로 자결하거나 목을 매달거나 독을 먹고 스스로 죽는 편이 나을 거라고 말했다. "이렇게 괴로운데 살아서 무엇 하겠느냐?"

두 사람이 내보내 달라고 애원하자 거인은 당장 잡아 죽일 듯 달려들었다. 하지만 그때 갑자기 발작이 일어나(햇볕이 화창한 날이면 거인은 발작을 일으키곤 했다) 거인의 왼손이 한동안 마비되었다. 어쩔 수 없이 거인은 두 사람을 그냥 두고 나가 버렸다. 크리스천과 소망은 거인의 말대로 따를지 말지에 관해 상의하기 시작했다.

크리스천 ╱ 친구여, 어떻게 하면 좋겠어요? 우리의 처지가 너무 비참하군요. 정말이지 살아야 할지 내 손으로 이 모진 목숨을 끊어야 할지 정말 모르겠어요. 내 마음이 뼈를 깎는 고통을 겪느니 차라리 숨이 막히는 것과 죽는 것이 나을 것 같군요. 욥 7:15 이 감옥보다 차라리 무덤이 낫겠어요. 아무래도 거인의 말대로 해야겠습니다.

   형제님, 우리의 현재 상황이 끔찍한 건 사실이에요. 정말 사는 것보다 죽는 게 더 나아 보이는 상황입니다. 하지만 찬찬히 생각해 보세요. 우리가 가려는 나라의 주님께서는 살인하지 말라고 말씀하셨어요. 그건 단지 남의 목숨만 빼앗지 말라는 뜻이 아니에요. 스스로 목숨을 끊으라는 거인의 말을 따르는 것이야말로 더더욱 안 될 일이지요. 게다가 다른 사람을 죽이는 것은 그의 육체만 죽이는 것이지만, 스스로 목숨을 끊는 건 육체와 영혼을 둘 다 죽이는 짓이 아닌가요. 그리고 방금 형제님은 무덤이 낫다고 말했지만, 살인자는 반드시 지옥에 갈 수밖에 없어요. 살인자에게 영생이란 없지요. 우리의 영원한 운명을 좌지우지할 힘이 절망의 거인의 손에 있지 않다는 점을 잊지 맙시다.

그리고 가만히 생각해 보면 우리처럼 거인에게 붙잡혀 왔다가 탈출한 사람들이 분명히 있을 거예요. 또한 천지를 지으신 하나님이 거인의 생명을 한순간에 거두어 가실지 누가 알겠습니까? 놈이 감옥 문을 잠그는 것을 잊거나 조만간 우리 앞에서 또다시 발작을 일으켜 사지가 마비될 수도 있고요.

놈이 다시 발작하면 이번에는 반드시 용기를 내서 어떻게든 그의 손아귀에서 벗어나도록 해요. 아까 진작 그렇게 하지 못한 것이 한스럽네요. 어쨌든 참고 기다려 봅시다.

반드시 탈출할 기회가 올 거예요. 우리 부디 하나님의 말
씀을 거역해 자신을 죽이는 살인자는 되지 맙시다.

　소망의 말에 크리스천은 두려워 떨던 마음을 진정했고, 두 사람
은 어둡고 절망적인 감옥 안에서 기회가 오기를 기다렸다.
　저녁이 되자 거인은 두 사람이 자신의 말대로 했는지 확인하기
위해 다시 지하 감옥으로 내려갔다. 하지만 두 사람 모두 아직 살아
있었다. 물론 말 그대로, 간신히 살아만 있었다. 며칠 동안 음식은커
녕 물 한 모금 먹지 못하고 거인에게 맞은 상처로 인해 겨우 숨만 붙
어 있을 뿐, 몰골은 이미 시체나 다름없었다. 그런데도 두 사람이 자
신의 말을 듣지 않은 것에 불같이 노한 거인은 아예 태어난 것을 후
회하게 해 주겠다며 으르렁거렸다.
　그 모습에 두 사람은 사시나무 떨듯이 떨었고, 내가 볼 때 크리스
천은 기절한 것 같았다. 잠시 뒤에 크리스천이 겨우 정신이 조금 들
자 두 사람은 거인의 말을 따를지를 놓고 다시 의논하기 시작했다.
크리스천은 거인의 말을 따르는 쪽으로 다시 마음이 기운 듯했으나
소망이 다시 크리스천을 말렸다.

소망　／　형제님, 당신이 지금까지 얼마나 용감했는지 다 잊었습니
　　　　까? 천하의 아볼루온도 형제를 무너뜨리지 못했어요. 사
　　　　망의 음침한 골짜기에 가득한 온갖 끔찍한 소리들과 처참
　　　　한 광경도 형제님을 어쩌지 못했지 않나요? 형제님이 얼

마나 힘들고 두려운 상황을 이겨 내며 여기까지 왔는지 기억해 보세요. 그런데 지금은 왜 이렇게 두려워서 벌벌 떠나요?

형제님보다 훨씬 나약한 나도 이 감옥에서 이렇게 버티고 있지 않습니까? 나도 형제님처럼 거인에게 죽도록 얻어 맞았고 빵 한 조각, 물 한 모금 입에 대지 못했습니다. 우리 모두 빛 한 줄기 없는 이곳에서 고생하고 있지요. 조금만 더 참아 봅시다. 형제님이 헛됨의 시장에서 얼마나 용기 있게 행동했는지를 기억해 보세요. 쇠사슬도 철장도, 심지어 처절한 죽음조차 두려워하지 않았던 형제님이지 않습니까? 그러니 적어도 신자에게 어울리지 않는 수치는 당하지 않도록 온 힘을 다해 견디십시다.

어느 새 캄캄한 밤이 되어 거인 부부는 잠자리에 들었다. 문득 죄수들이 궁금해진 부인은 그들이 남편의 말을 따랐는지 물었다. 거인은 고개를 가로저었다. "정말 지독한 놈들이야. 끝까지 죽지 않고 버티려고 하더군." 그러자 부인이 버럭 화를 냈다. "내일 당장 성 안뜰로 끌고 가서 당신이 해치운 자들의 뼈와 해골을 보여 줘요. 일주일 안에 그 자들도 그렇게 갈기갈기 찢어 죽일 거라고 단단히 겁을 주란 말이에요!"

다음 날 날이 밝자 거인은 두 사람을 성 안뜰로 끌고 가 아내가 말한 대로 처참한 현장을 보여 주었다. "이놈들도 한때는 너희

같은 순례자들이었다. 이놈들도 너희처럼 내 땅에 함부로 들어왔지. 그래서 내가 적당한 때를 봐서 갈가리 찢어 버렸지. 열흘 안이면 너희도 이런 신세가 될 줄 알아라! 자, 어서 다시 감옥에 들어가거라!”

거인은 두 사람을 감옥으로 끌고 가는 내내 사정없이 주먹질했다. 그리하여 두 사람은 종일 바닥을 기며 신음했다. 그날은 토요일이었다. 다시 밤이 왔고 절망의 거인과 부인은 잠자리에 누워 다시 죄수들에 관해 이야기하기 시작했다. 거인은 자신이 아무리 때리고 협박해도 두 사람이 스스로 목숨을 끊게 만드는 건 틀린 것 같다고 말했다. 그러자 아내가 입술을 지그시 깨물었다. “혹시 누가 자기들을 구하러 올 거라는 희망을 품고 있는 건 아닐까요? 아니면 자물쇠를 여는 도구를 숨기고 있어서 틈을 봐서 도망치려는 건지도 몰라요.” 그러자 거인의 눈이 커졌다. “그래? 내일 아침에 당장 놈들의 품을 뒤져봐야겠군.”

토요일 자정 무렵, 크리스천과 소망은 기도를 시작했고 그들의 기도는 동이 트기 전까지 계속됐다. 날이 밝아 오려던 차에 크리스천이 갑자기 흥분한 얼굴로 벌떡 일어났다. “이런 바보가 다 있나! 언제라도 도망칠 수 있는데 이 악취 나는 지하 감옥에 앉아 있었다니! 내 품에 약속이라고 하는 열쇠가 있습니다. 이 열쇠만 있으면 의심의 성의 어떤 문도 열 수 있어요.” 소망의 얼굴이 환해졌다. “그런 열쇠가 있었습니까! 자, 어서 열쇠를 꺼내서 시험해 보세요.”

크리스천이 품에서 열쇠를 꺼내 지하 감옥의 문에 넣고 돌리자 간단히 빗장이 풀리고 문이 활짝 열렸다. 지하 감옥을 빠져나온 크리스천과 소망은 성 안뜰로 이어진 바깥문에 다시 열쇠를 넣고 돌렸다. 이번에도 문은 쉽게 열렸다. 마침내 철문에 도착했는데 자물쇠가 지독히 뻑뻑했지만 역시 약속의 열쇠로 결국 열렸다. 하지만 두 사람이 탈출하려고 철문을 밀자 그만 삐거덕 소리가 크게 나는 바람에 절망의 거인이 잠에서 깨고 말았다. 거인이 벌떡 일어나 두 사람을 부리나케 쫓아왔지만 다시 발작이 일어나 사지가 마비되는 바람에 더 이상 뒤쫓지 못했다. 두 사람은 쉬지 않고 뛰어 왕의 길에 도착했다. 그 길은 거인의 영토 밖이었기 때문에 이젠 안전했다.

계단을 건너온 두 사람은 나중에 그곳을 지나는 사람들이 절망의 거인에게 붙잡히지 않도록 뭔가 조치를 취해야겠다는 생각을 했다. 고민 끝에 그들은 "이 계단은 천국의 왕을 경멸하고 그분의 거룩한 순례자들을 죽이려고 하는 절망의 거인이 사는 의심의 성으로 이어지니 조심하시오!"라고 쓴 경고 표지판을 세웠다. 그 뒤로 많은 사람이 그 경고문을 읽고 위험을 피할 수 있었다. 경고 표지판을 뿌듯하게 바라보던 두 사람은 노래를 부르기 시작했다.

가던 길에서 벗어나
금지된 땅을 밟고 말았네.
나중에 이 길을 지나가는 사람들이 조심하게 하세.

부주의한 자들이 우리처럼 엉뚱한 길로 가

의심의 성 절망 성주의 포로가 되지 않도록!

215

CHAPTER 8

비밀한 세계를
엿보다

환대와 지혜와 축복을 누리는 기쁨

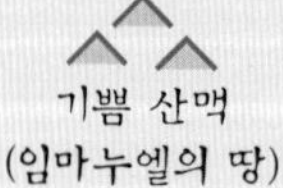

두 사람은 계속해서 길을 걸어 기쁨 산맥에 이르렀다. 그 산은 앞에서도 말한 적이 있는 산 주인의 소유였다. 산 위에 오르니 정원과 과수원, 포도원과 샘이 보였다. 그들은 거기서 목도 축이고 깨끗하게 몸을 씻은 뒤 포도를 마음껏 따 먹었다. 그러고 나서 그들은 산에서 양 떼를 먹이고 있는 목자들이 길가에 서 있는 것을 발견했다. 두 사람은 목자들에게로 다가가 피곤한 순례자들이 흔히 그러하듯이 지팡이에 몸을 의지한 채 물었다. "이 기쁨 산맥의 주인은 누구인가요? 또 여러분이 풀을 먹이는 양 떼는 누구의 소유지요?"

목자들 ╱ 이 산은 임마누엘의 땅입니다. 하나님의 성에서도 이 땅이 보인답니다. 양 떼도 그분의 것이고요. 그분은 이 양 떼를 위해 자신의 목숨을 내놓으셨지요. ^{요 10:11}

크리스천 ╱ 이 길이 천성으로 가는 길이 맞나요?

목자들 ╱ 그렇습니다. 제대로 오셨군요.

크리스천 ╱ 천성은 여기서 얼마나 걸리나요?

목자들 ╱ 그곳에 이르지 못할 자들에게는 한없이 먼 곳이지요.

이 산은 임마누엘의 땅입니다.
하나님의 성에서도 이 땅이 보인답니다.
양 떼도 그분의 것이고요.
그분은 이 양 떼를 위해 자신의 목숨을 내놓으셨지요.

크리스천 천성으로 가는 길은 안전한가요, 아니면 위험한가요?

목자들 안전하게 갈 사람도 있겠지만 죄인들은 반드시 넘어질 것입니다. 호 14:9

크리스천 이 산에 고단한 여행으로 쉼이 필요한 순례자들이 쉴 만한 곳이 있습니까?

목자들 이 산의 주인께서 손님 대접하기를 잊지 말라고 명령하셨습니다. 히 13:1-2 그래서 쉬실 만한 곳을 충분히 마련해 놓았습니다.

꿈에서 보니 목자들은 두 사람이 순례자인 것을 알아보고 여러 질문을 하기 시작했다. "어디서 오셨나요?" "어떻게 이 길로 들어서게 되셨습니까?" "이 길에 오르는 사람 가운데 실제로 이 산까지 이른 사람은 거의 없는데 어떻게 수많은 어려움을 이겨 내셨나요?"

두 사람은 지금까지 오는 길에 있었던 일들을 모두 이야기해 주었다. 그들의 이야기를 다 들은 목자들은 두 사람을 경이로운 표정으로 바라보며 말했다. "기쁨 산맥에 오신 것을 환영합니다."

지식Knowledge, 경험Experience, 경계Watchful, 성실Sincere이란 이름의 네 목자는 두 사람을 장막으로 안내한 뒤에 음식을 대접했다. 식사가 끝나자 목자들은 이렇게 말했다. "여기서 좀 쉬다 가시면 어떻겠습니까? 서로를 좀 더 알고, 이 기쁨 산맥에서 지친 몸과 마음도 회복하면 좋을 것 같군요." 두 사람은 목자들의 제안을 기쁘게 받아들였고, 그날은 밤이 늦었기 때문에 곧바로 잠자리에 들었다.

꿈에서 보니, 다음 날 아침 목자들은 크리스천과 소망에게 기쁨 산맥을 구경시켜 주겠다고 말했다. 그리하여 두 사람은 목자들과 함께 걸으며 주변의 아름다운 경치를 감상했다. 길을 걷다 목자들이 서로 이야기했다. "이 순례자들에게 놀라운 광경을 좀 더 보여 주면 어떨까?"

목자들은 그러기로 하고, 먼저 두 사람을 내리막길이 더없이 가파른 오류(Error)란 봉우리로 데려갔다. 목자들은 두 사람에게 산 아래를 내려다보라고 했다. 아래를 보니 산에서 떨어져 죽은 시체들이 늘어져 있었다.

"저건 뭐지요?" 놀란 크리스천이 물었다. "몸의 부활에 관해서 후메내오와 빌레도의 말을 듣고 오류에 빠진 자들에 관해 들어보지 못했습니까?"딤후 2:17-18 두 사람이 들은 적이 있다고 말하자 목자들이 계속해서 설명했다. "저 아래 산산조각난 시체들이 바로 그들입니다. 이 봉우리에 너무 높이 오르거나 벼랑에 너무 가까이 다가가는 자들에게 본보기로 삼기 위해 저렇게 지금까지 땅에 묻지 않고 놓아둔 것입니다."

네 목자는 크리스천과 소망을 또 다른 봉우리로 데려갔다. 그 그 봉우리의 이름은 조심(caution)이었다. 목자들이 바라보라고 한 곳에는 몇몇 사람이 무덤들 사이를 돌아다니고 있었다. 자꾸 무덤에 걸려 넘어지면서도 무덤가에서 벗어나지 못하고 있는 것으로 보아 눈이 먼 자들이 분명했다.

크리스천 이것은 무엇을 말하는 건가요?

목자들 이 산에 조금 못 미쳐서 있던 계단을 보지 못했나요? 이 길 왼편에 있는 초원으로 들어가는 통로인데요.

크리스천과 소망이 계단을 보았다고 말하자 다시 목자들의 설명이 이어졌다.

목자들 그 계단으로 가면 곧장 절망의 거인이 사는 의심의 성으로 이어지는 길이 나옵니다. (무덤가에 있는 자들을 가리키며) 저 사람들은 그 계단 앞에 이르기 전까지만 해도 여러분처럼 순례의 길을 잘 가고 있었지요. 하지만 저들은 옳은 길이 험난한 것을 알고 초원으로 빠지기로 했습니다. 그러다 결국 절망의 거인에게 붙잡혀 의심의 성 지하 감옥에 갇히고 말았죠. 거인은 그들을 한참 가두었다가 눈을 뽑아 버린 다음 무덤가로 끌고 와서 저렇게 버렸습니다. 그래서 저들은 지금까지도 이곳을 방황하고 있는 거지요. "명철의 길을 떠난 사람은 사망의 회중에 거하리라"라는 지혜자의 말이 그대로 이루어진 셈입니다. 잠 21:16

크리스천과 소망은 서로를 바라보며 눈물을 펑펑 쏟았다. 하지만 목자들에게는 아무런 말도 하지 않았다.

이번에는 목자들이 두 사람을 산 아래로 데려갔다. 산의 옆면으로 문이 하나 있었는데, 목자들은 그 문을 열고 안을 들여다보라고 권했다. 두 사람이 들여다보니 그 안은 지독히 어둡고 연기가 자욱했다. 불길이 활활 타오르는 소리와 고문을 당하는 자들의 비명 소리가 뒤섞여 들려오고, 지독한 유황 냄새가 코끝을 찔렀다.

크리스천 〃 이것은 무엇인가요?

목자들 〃 이곳은 지옥으로 가는 지름길입니다. 장자의 권리를 팔아먹은 에서나 주를 팔아넘긴 가룟 유다, 복음을 모독한 알렉산더, 속임수를 쓴 아나니아와 삽비라 부부 같은 위선자들이 들어가는 길이지요.

소망 〃 이들은 모두 순례자인 것처럼 사람들을 깜빡 속이지 않았나요?

목자들 〃 맞습니다. 그것도 아주 오랫동안 순례자 행세를 하고 다녔지요.

소망 〃 이들이 비참한 최후를 맞았지만 순례자로 행세할 적에는 얼마나 멀리까지 갔나요?

목자들 〃 꽤 멀리 간 자들도 있고, 이 산까지 못 온 이들도 있지요.

두 사람이 이 이야기를 듣고 서로에게 말했다. "강하신 분께 힘을 달라고 간구해야겠습니다"

목자들 〃 옳은 말씀입니다. 그뿐 아니라 그 힘을 얻기만 하지 말고 사용할 줄도 알아야 합니다.

이제 두 사람이 다시 길을 떠날 채비를 하자 목자들은 산악 지대가 끝나는 곳까지 그들과 동행해 주었다. 한참을 가다가 목자들이 서로에게 말했다. "여기서 이 순례자들에게 천성 문을 보여 주도록 하세. 물론 저들이 우리의 망원경을 사용해야 볼 수 있지만 말이네."

크리스천과 소망은 목자들의 호의를 기쁘게 받아들였다. 그리하여 목자들은 두 사람을 청명Clear이라고 하는 높은 산의 꼭대기로 데려가서 망원경을 건넸다.

두 사람은 목자들에게 망원경을 건네받았지만 마지막으로 본 지옥 길이 생각나서 손이 부들부들 떨렸다. 그 바람에 초점이 맞지 않아 제대로 볼 수는 없었지만 어렴풋하게나마 하늘 문을 보고 그 영광스러운 느낌을 받았다. 그 뒤에 두 사람은 다음과 같은 노래를 부르며 다시 길을 떠났다.

다른 이들에게 철저히 감추어져 있던 비밀을
목자들 덕분에 보게 되었다네.
깊이 숨겨진 비밀한 일들을 보고 싶다면
양 떼를 지키는 목자들에게로 오시오.

두 사람이 떠나려고 하자 네 목자 가운데 첫 번째 목자가 지도한 장을 건넸다. 두 번째 목자는 아첨꾼Flatterer을 조심하라고 경고했고, 세 번째 목자는 마법의 땅Enchanted Ground에서 잠들지 않도록 조심하라고 신신당부했다. 마지막으로 네 번째 목자는 두 사람을 축복해 주었다. 그리고 나는 잠에서 깨어났다.

●

한참을 가던 중 목자들이 서로에게 말했다.

"여기서 이 순례자들에게 천성 문을 보여 주도록 하세."

CHAPTER 9

맹공을 퍼붓는 민음 강도들

소심과 불신, 죄책감의 실체

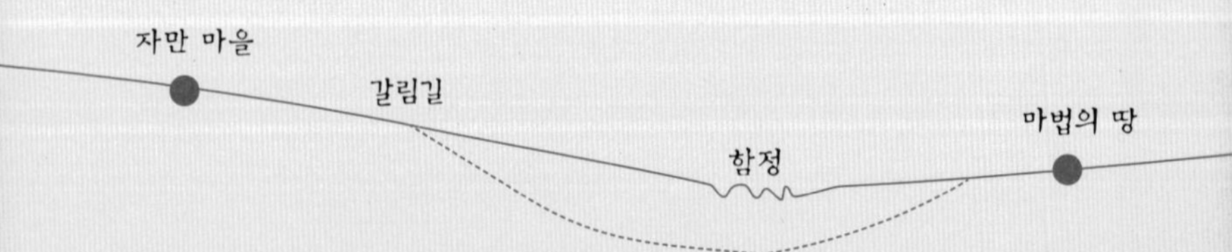

나는 이내 다시 잠이 들었고 계속해서 꿈을 꾸었다. 꿈에서 다시 만난 두 순례자는 천국으로 향하는 길을 따라 산을 내려가고 있었다. 산 아래로 조금 내려왔을 때 왼편에 자만Conceit이라는 마을이 나타났다. 그 마을에서 두 사람이 걷는 길까지는 좁고 구불구불한 오솔길이 나 있었다. 두 사람은 그 오솔길에서 걸어오는 한 청년을 보았는데, 그의 이름은 무지Ignorance였다. 크리스천은 그에게 어디서 와서 어디로 가는 길이냐고 물었다.

무지 ╱ 저는 저기 왼편에 보이는 자만이라는 마을에서 태어났습니다. 지금은 천성으로 가는 길이고요.

크리스천 ╱ 그렇군. 그런데 천성 문에 어떻게 들어갈 생각인가? 그곳은 쉬이 들어갈 수 있는 곳이 아닐 텐데 말이야.

무지 ╱ 다른 선한 사람들처럼 하면 되지 않을까요?

크리스천 ╱ 천성 문 앞에서 보여 줄 것이 있는가? 출입증 같은 것을 보여 줘야 문을 열어 줄 텐데 말이네.

무지 ╱ 저는 하나님의 뜻을 잘 알고 나름대로 착하게 살아왔습니다. 빚도 지지 않았고, 기도와 금식, 헌금, 십일조도 게을리하지 않고 있어요. 게다가 천성에 가려고 고향까지 등지고 나왔으니 이것으로도 충분하지 않을까요?

크리스천 하지만 자네는 이 길이 시작되는 좁은 문으로 들어오지 않았네. 저 굽은 길을 통해 이 길로 들어왔지. 그렇다면 자네가 어떻게 생각하든 심판의 날이 오면 천성에 들어가기는커녕 도둑과 강도 취급을 받아 문전박대를 당하고 말 것이네.

무지 선생님, 초면에 너무 심한 말이 아니신가요? 선생님은 선생님 마을의 종교나 따르시지요. 저는 저희 마을의 종교를 따를 테니 말입니다. 그러면 서로 아무 문제가 없을 것 같군요. 그리고 선생님이 말한 그 좁은 문 말입니다. 그 문이 우리 마을에서 얼마나 먼 지 온 세상 사람이 다 알고 있어요. 게다가 우리 마을에 그 문으로 가는 길을 아는 사람은 아무도 없고요. 물론 아는 사람이 있어도 그 길로 갈 사람은 없겠지만 말입니다. 우리 마을에서 곧바로 이어지는 저 쾌적하고 푸르른 길이 있는데 무엇 때문에 그 좁은 문까지 간단 말인가요?

그 사람이 스스로 지혜롭다고 자만하는 자인 줄 깨달은 크리스천은 소망에게 나지막이 속삭였다.

크리스천　이런 말씀이 있습니다. "네가 스스로 지혜롭게 여기는 자를 보느냐? 그보다 미련한 자에게 오히려 희망이 있느니라."잠 26:12 "우매한 자는 길을 갈 때에도 지혜가 부족하여 각 사람에게 자기가 우매함을 말하느니라."전 10:3 자, 저 청년과 더 이야기를 해 보는 게 좋을까요, 아니면 그냥 내버려 두고 우리 길이나 갈까요? 아무래도 저 청년이 내 말에 관해 잠시 생각해 보도록 시간을 준 뒤에 나중에 다시 이야기를 나누는 편이 나을 것 같군요.

소망　네, 제 생각에도 그렇습니다. 무지라는 청년이 크리스천 형제가 한 말에 관해 잠시 생각하도록 시간을 주는 게 좋겠어요. 저 청년이 가장 귀한 것을 모르고서 형제의 귀한 조언을 거부하지 말아야 할 텐데, 참으로 걱정입니다. 하나님은 어리석은 자에게 구원은 없다고 하셨으니까요. 저 사람에게 모든 것을 한꺼번에 말해 주는 건 좋지 않아 보여요. 일단은 그냥 가도록 합시다. 나중에 그가 감당할 수준이 되었을 때 다시 말하는 편이 좋겠어요.

그리하여 두 사람은 가던 길을 계속 가고 무지는 그들의 뒤에서 따라왔다. 얼마쯤 지나 두 사람은 아주 컴컴한 길에 들어섰다. 거기서 일곱 귀신에게 일곱 줄로 묶여 아까 산 옆면에서 보았던 문으로 끌려가는 한 남자를 만났다.마 12:45; 잠 5:22 그 끔찍한 모습에 크리스천과 소망은 두려움에 떨었다. 하지만 크리스천은 귀신들에게 끌려가는 남자가 자신이 아는 사람인지 확인하기 위해 용기를 내서 그를 쳐다봤다. 아무래도 변절Apostasy 마을에 살던 배신자Turn-away 같았다. 하지만 그가 도둑질을 하다가 잡혀 가는 죄인처럼 고개를 푹 떨구고 있었기 때문에 확실하지는 않았다. 그런데 소망이 그의 등에서 "음란한 신앙고백자요 망할 배교자"라고 쓰인 종이를 발견했다.

그때 크리스천이 소망에게 말했다.

크리스천 그러고 보니 이 부근에 살던 한 착한 사람에게 일어났던 일이 기억납니다. 성실Sincere 마을에 살던 작은 믿음Little-faith이라는 선량한 사람의 이야기를 들려 드리지요.

이 길 입구에는 넓은 문에서 이어진 작은 길 하나가 있는데, 사람들은 그 길을 죽은 자의 길Dead-man's Lane이라고 불렀지요. 살인 사건이 자주 일어나서 그 길에 붙은 이름이었어요. 작은 믿음은 지금의 우리처럼 순례의 길을 가다가 거기 앉아서 깜박 잠이 들었더랍니다. 그때 넓은 문에서 이어진 그 길로 덩치 큰 강도 세 사람이 내려오고 있었지요. 소심Faint-heart과 불신Mistrust, 죄책감Guilt이라는 이름의 삼형제였습니다. 작은 믿음을 발견한 강도들은 먹잇감을 보고 달려드는 늑대들처럼 득달같이 달려왔어요.

그때 작은 믿음은 막 잠에서 깨어 다시 길을 떠나려고 몸을 일으키고 있었지요. 세 강도는 그의 앞을 가로막고서 멈추라고 위협했어요. 싸울 힘도 도망칠 힘도 없던 작은 믿음은 얼굴이 백지장처럼 새하얘졌지요. 하지만 소심이 가진 돈을 다 내놓으라고 했을 때 작은 믿음은 돈은 잃기 싫어서 머뭇거렸습니다. 그러자 불신이 달려들어 그의 호주머니에서 은 주머니를 꺼냈지요.

작은 믿음이 "도둑이야! 도둑이야!"라고 외치자 죄책감이 손에 들고 있던 커다란 몽둥이로 그의 머리를 내리쳤고, 작은 믿음은 쓰러져서 목숨이 위태로울 정도로 많은 피를 흘렸어요. 하지만 천하의 나쁜 이 강도들은 본 척도 하지 않았지 뭡니까. 그때 누군가가 다가오는 소리가 들리자 그들은 선한 확신^{Good-confidence} 마을에 사는 큰 은혜^{Great-grace}란 사람일지도 모른다는 생각에 작은 믿음을 내버려둔 채 줄행랑을 쳤다고 합니다. 잠시 뒤에 정신이 든 작은 믿음은 간신히 몸을 일으켜 길을 갔고요.

소망 ╱ 저런, 그래서 작은 믿음은 강도들에게 가진 걸 전부 빼앗겼단 말인가요?

크리스천 ╱ 아니에요. 다행히 그자들이 작은 믿음의 보물은 발견하진 못해 보물만큼은 무사했다고 하더군요. 하지만 듣자 하니 그 착한 사람은 빼앗긴 돈 때문에 몹시 괴로워했다고 합니다. 천만다행으로 보물은 무사했고 빼앗기지 않은 돈도 조금 남아 있었지만 남은 여행에 필요한 경비로는 턱도 없었지요. 그래서 내가 들은 이야기가 사실이라면, 그는 여행길에서 구걸까지 해야 했다고 합니다. 아무리 궁해도

보물은 팔 수 없었기 때문이지요. 하지만 이 가엾은 순례
자는 남은 여행길 내내 끼니조차 먹지 못할 때가 많았다
고 하는군요.

소망 ╱ 그래도 강도들이 천국 문의 출입증을 빼앗아 가지 않은
건 천만다행이지 않나요?

크리스천 ╱ 그렇고말고요. 정말 기적과도 같은 일이지요. 듣자 하니
보물이 무사했던 것은 작은 믿음이 기지를 발휘했기 때문
이 아니었다고 합니다. 강도들이 몰려오는 것을 보고 겁
을 먹고는 뭐든 숨길 정신도 없었으니까 말이에요. 놈들
이 그것을 찾지 못한 건 그의 기지 때문이 아니라 순전히
하나님의 섭리였지요. ^{벧후 2:9}

소망 ╱ 어쨌거나 작은 믿음은 보물만큼은 빼앗기지 않았으니 큰
위로가 되었겠군요.

크리스천 ╱ 그가 보물을 팔아 사용했다면 그랬겠지요. 내가 듣기로
그는 돈을 빼앗긴 슬픔에 빠져 남은 여행 내내 보물을 사
용하지 않았다고 하더군요. 사실, 그는 여행길 내내 그 보
물을 잊고 지냈다고 들었어요. 가끔 남아 있는 보물을 생
각하면서 마음에 위로를 얻다가도 금세 빼앗긴 돈 생각에
다시 낙심에 빠졌다고 하더군요.

소망 ╱ 거참, 불쌍한 사람이군요! 그는 몸도 마음도 정말 괴로웠
겠어요.

크리스천 ╱ 괴로웠겠지요. 하긴, 그처럼 강도를 만나 돈을 빼앗기고

몸이 만신창이가 되었다면 누군들 괴롭지 않았겠어요?
괴로워서 죽지 않은 게 다행인 일이지요! 내가 듣기로는
그는 남은 여행 내내 만나는 사람마다 붙잡고 자신의 처
지를 한탄했다고 하더군요. 어디서 누구에게 강도질을 당
해 무엇을 잃었는지, 얼마나 맞았으며, 또 어떻게 겨우 목
숨만 건져 달아났는지 하염없이 늘어놓았다고 합니다.

소망 ╱ 그토록 힘들게 여행하면서 그는 왜 보물을 팔거나 저당을
잡히지 않았을까요? 그렇게 했다면 여행길이 훨씬 더 편
했을 텐데 말입니다.

크리스천 ╱ 소망 형제는 뭘 모르는 사람처럼 말하는군요. 그것을 누
가 저당을 잡거나 산단 말인가요? 그가 사는 나라에서는
그 보물을 사려는 사람이 없을 뿐 아니라, 그도 그것을 팔
아서 편해지고 싶은 생각이 없었지요. 게다가 천성 문 앞
에서 그 보물이 없으면 안으로 들어갈 수 없다는 걸 그도
너무 잘 알고 있었습니다. 그렇게 된다면 수천 명의 강도
에게 몹쓸 짓을 당하는 것보다 더 불행한 일이 되고 마는
것이지요.

소망 ╱ 크리스천 형제님, 하지만 에서는 겨우 팥죽 한 그릇에 장
자의 권리를 팔지 않았습니까?[히 12:16] 장자의 권리야말로
그에게 가장 귀한 보물이었는데도 말입니다. 에서도 그러
했는데 작은 믿음이라고 보물을 팔아 치우지 못할 이유가
없지 않겠습니까?

물론 에서는 장자의 권리를 팥죽 한 그릇과 맞바꾸었습니다. 에서 말고도 많은 사람이 가장 소중한 것을 하찮은 것과 맞바꾸었지요. 하지만 그로 인해 가장 중요한 복을 놓치지 않았습니까? 그렇지만 에서와 작은 믿음 사이에는 분명히 다른 점이 있습니다. 둘의 상황도 다르고 말입니다. 에서에게 장자권은 당연하게 여겨지는 그저 상징적인 것이었지만, 작은 믿음의 보물은 그렇지 않았지요. 에서에게는 자신의 굶주린 배가 곧 신神이었지만, 작은 믿음은 그렇지 않았고요. 에서는 그저 육신의 배를 채울 생각뿐이었지만 작은 믿음은 달랐습니다. 에서는 육신의 배고픔 너머를 보지 못했어요. 그러니 "내가 죽게 되었으니 이 장자의 명분이 내게 무엇이 유익하리요?"라고 말한 것도 무리는 아니지요. 창 25:32

작은 믿음은 비록 믿음이 작은 사람이긴 했지만, 그래도 그 믿음 덕분에 에서와 같은 어리석음에 빠지지는 않았습니다. 작은 믿음이나마 있었기 때문에 에서처럼 장자의 권리를 팔아 버리지 않고 자신의 보물을 소중히 간직할 수 있었지요. 성경 어디에도 에서가 믿음이 있었다고 말하지 않습니다. 하다못해 작은 믿음이라도 있었다는 말도 없지요. 육체의 정욕만 가득할 뿐 믿음이 전혀 없는 그가 장자권은 물론이고 영혼까지 모두 지옥의 마귀에게 팔아 버려도 전혀 이상할 것이 없습니다. 이런 자는 마치 아무도 말릴 수 없는 발정 난 나귀와도 같지요. ^{렘 2:24} 정욕에만 눈이 먼 자들은 자신이 망하는 줄도 모르고 어떻게든 눈 앞의 욕망을 채우고야 맙니다.

하지만 작은 믿음은 달랐어요. 그는 믿음이 작은 자이긴 했지만 그의 마음은 하늘의 것을 향해 있었지요. 그는 위에 있는 영적인 것에서 살아갈 힘을 얻었습니다. 그런 사람이 설령 보물을 사겠다는 사람이 나타난다 해도 헛된 것으로 마음을 채우기 위해 자기 보물을 팔 리가 있겠습니까? 배를 채우기 위해 돈을 내고 건초를 살 사람이 있겠습니까? 멧비둘기에게 까마귀처럼 썩은 고기를 먹고 살라고 할 수 있겠습니까? 믿음이 없는 자라면 육신의 정욕으로 인해 자신이 가진 것은 물론이고 자기 자신마저 저당 잡히거나 팔아 버릴 수 있겠지만, 구원하는 믿음이 조금이라도 있는 사람은 그럴 수 없습니다. 그러니 소망 형제가 잘못 생각한 것이지요.

소망　／　크리스천 형제님의 말을 듣고 보니 내가 작은 믿음에 대해 오해한 것 같군요. 하지만 형제님이 저를 너무 아무것도 모르는 사람처럼 보는 것 같아 기분이 썩 유쾌하지 않습니다.

크리스천　／　아, 그랬군요. 나는 그저 소망 형제가 잘못 알고 있는 것 같아 한 말인데, 기분을 상하게 했다니 미안합니다. 마음 푸시고 이 문제에 관해서 좀 더 이야기를 나누어 보도록 합시다.

소망 ╱ 그런데 크리스천 형제님, 나는 그 세 강도가 사실은 겁쟁이 무리에 불과했다는 생각이 듭니다. 그들은 단순한 인기척에도 혼비백산해서 도망치지 않았던가요? 그런 자들 앞에서 작은 믿음이 왜 좀 더 용기를 내지 않았을까요? 최소한 한 번쯤은 맞서보고 그래도 역부족이면 그때 가서 항복해도 늦지 않았을 텐데요.

크리스천 ╱ 그 강도들을 겁쟁이로 보는 사람도 많지만 우리도 그런 상황에 처했다면 쉽게 대항하지 못했을 겁니다. 게다가 작은 믿음은 용기가 없는 사람이었지요. 누구라도 그런 상황에 처했다면 잠깐은 대항하겠지만 곧 굴복하고 말았을 거예요. 누구나 적의 뒤에서는 큰소리칠 수 있지만, 실제로 상황이 닥치면 생각이 달라지니까요.

하지만 가만히 생각해 보면 그 강도들도 졸개에 불과하지요. 그자들은 무저갱의 두목 밑에서 일하는 자들이었습니다. 그자들이 위급할 때 두목이 도우러 오는데, 그 목소리는 마치 사자의 울음소리 같지요. 벧전 5:8

나도 작은 믿음처럼 놈들에게 당한 적이 있는데 정말 끔찍한 경험이었어요. 그 세 악당이 나를 덮쳤지요. 내가 신자임을 드러내며 저항했더니 글쎄 놈들이 두목을 부르지 않겠습니까? 곧바로 두목이 달려오는 바람에 내 목숨은 그야말로 바람 앞에 등불처럼 위태로웠지요. 하나님이 내

게 미리 천하무적의 갑옷을 입혀 주셨는데도 상대하기가
여간 힘들지 않았습니다. 경험해 보지 않은 사람이라면 그
런 전투가 얼마나 무시무시한지 상상도 하지 못할 겁니다.

소망 / 하지만 놈들은 큰 은혜가 나타날지 모른다는 짐작만으로
도 줄행랑을 쳤지 않습니까?

크리스천 / 물론 큰 은혜가 나타나면 놈들은 물론이고 그 두목까지도
도망칠 수밖에 없지요. 큰 은혜는 하나님의 용사이니 그
럴 만도 하지요. 소망 형제도 작은 믿음과 왕의 용사가 차
원이 다르다는 걸 알고 있을 겁니다. 왕의 신하라고 해서
다 용사는 아니지요. 그리고 누구나 노력한다고 해서 전
쟁에서 용사와 같은 눈부신 공을 세울 수 있는 것도 아니
고요. 모든 어린아이가 다윗처럼 골리앗을 요리할 수 있
는 건 아니지 않습니까? 또한 굴뚝새에게 황소의 힘이 있
을 수는 없지요. 강한 자가 있는가 하면 약한 자도 있는
법이니까요. 믿음이 큰 사람이 있는 반면, 작은 사람도 있
으니까요. 작은 믿음은 믿음이 약한 사람이기 때문에 당
할 수밖에 없었던 것입니다.

소망 / 그 강도들 앞에 큰 은혜가 나타났더라면 좋았을 텐데 말
이에요.

크리스천 / 천하의 큰 은혜라 해도 힘든 싸움이었을 것입니다. 사실,
큰 은혜가 무기를 다루는 기술이 천하제일이긴 하지만,
날카로운 검으로 적의 접근을 막을 때만 승산이 있지요.

심지어 소심과 불신 같은 자들도 큰 은혜의 칼날을 피해 선제공격이라도 한다면 그를 쓰러뜨릴 수도 있습니다. 그렇게 쓰러지면 천하의 큰 은혜도 속수무책이지요.

큰 은혜의 얼굴에는 전쟁의 상흔으로 가득합니다. 그를 보면 내 말이 사실이라는 걸 알 수 있을 겁니다. 사실, 한 번은 그가 전투 가운데 "살 소망까지 끊어졌다"라고 말하는 소리를 들은 적이 있어요. 이 험악한 강도들의 무리가 다윗까지도 신음하고 비명을 지르게 만들지 않았습니까? 당대의 용사였던 헤만과 히스기야도 이들의 공격을 받고 죽을힘을 다해야 했지요. 그렇게까지 했는데도 결국 큰 상처를 입고 말았지만 말입니다. 사도들의 우두머리로 불렸던 베드로도 주님을 배반하지 않겠다고 큰소리쳤지만, 이들의 공격으로 결국 한낱 힘없는 소녀 앞에서도 벌벌 떠는 부끄러운 모습을 보이지 않았던가요.

게다가 놈들의 두목은 자신을 부르는 소리를 어떻게 알고 득달같이 달려오지요. 근처에 있다가 자기 부하들이 열세에 몰리면 곧바로 도와주러 오는 것입니다. 성경은 놈들의 두목을 이렇게 묘사합니다. "칼이 그에게 꽂혀도 소용이 없고 창이나 투창이나 화살촉도 꽂히지 못하는구나. 그것이 쇠를 지푸라기같이, 놋을 썩은 나무같이 여기니 화살이라도 그것을 물리치지 못하겠고 물맷돌도 그것에게는 겨같이 되는구나. 그것은 몽둥이도 지푸라기같이 여

기고 창이 날아오는 소리를 우습게 여기며."욥 41:26-29

이러니 한낱 인간이 무엇을 할 수 있겠습니까? 물론 욥의 말을 갖고 있고 그 말을 탈 기술과 용기까지 갖추었다면 좀 상대해 볼 수도 있겠군요. 성경에 이런 기록이 있으니까 말입니다. "말의 힘을 네가 주었느냐? 그 목에 흩날리는 갈기를 네가 입혔느냐? 네가 그것으로 메뚜기처럼 뛰게 하였느냐? 그 위엄스러운 콧소리가 두려우니라. 그것이 골짜기에서 발굽질하고 힘 있음을 기뻐하며 앞으로 나아가서 군사들을 맞되 두려움을 모르고 겁내지 아니하며 칼을 대할지라도 물러나지 아니하니 그의 머리 위에서는 화살통과 빛나는 창과 투창이 번쩍이며 땅을 삼킬 듯이 맹렬히 성내며 나팔 소리에 머물러 서지 아니하고 나팔 소리가 날 때마다 힝힝 울며 멀리서 싸움 냄새를 맡고 지휘관들의 호령과 외치는 소리를 듣느니라."욥 39:19-25

하지만 우리 같은 보병들은 그저 적을 만나지 않기를 바라는 수밖에요. 적의 공격에 다른 사람이 당했다는 소리를 듣고 나라면 달랐을 거라고 우쭐거려선 절대 안 됩니다. 용감하다고 큰소리치는 사람일수록 오히려 시험을 만나면 가장 보기 좋게 넘어지는 법이지요. 베드로가 그러했습니다. 베드로는 모두 주님을 배신해도 자신은 끝까지 주님 편에 서겠다고 호언장담했지요. 하지만 이 악당들에게 베드로만큼 호되게 당한 사람이 또 있을까요?

따라서 왕의 길에서 그런 강도들이 무성하다는 소식을 들을 때마다 우리는 두 가지를 준비해야 합니다. 첫째, 단단히 무장을 해야 하는데, 특히 방패를 반드시 챙겨야 합니다. 방패를 들지 않고서 어떻게 리워야단 같은 자를 막아 낼 수 있겠습니까? 방패 없이 전쟁에 나섰다가는 비웃음만 당할 것입니다. 그래서 전쟁에 능통한 자는 이렇게 말했지요. "모든 것 위에 믿음의 방패를 가지고 이로써 능히 악한 자의 모든 불화살을 소멸하고."엡 6:16

둘째, 왕이 직접 동행해 주시기를 바라야 합니다. 이것이 다윗이 사망의 음침한 골짜기에서도 기뻐하고, 모세가 하나님 없이 가느니 한 발자국도 가지 않고 그 자리에서 죽는 편이 낫겠다고 말한 이유입니다.출 33:15 친구여, 하나님이 우리와 함께하시면 수천수만의 적이 공격해 와도 두려워할 이유가 없습니다. 반대로, 하나님이 함께하시지 않으면 아무리 백전노장이라 할지라도 꼼짝없이 당하고 말 것입니다.시 3:5-8; 27:1-3; 사 10:4

나도 전에 심한 공격을 당한 적이 있지만 지극히 위대하신 분의 은혜로 이렇게 살아 있습니다. 내가 용감해서가 아니라 전적으로 그분의 은혜로 살아 있는 것이지요. 다시는 그런 공격을 받지 않았으면 좋겠지만 아직 위험한 상황은 끝나지 않았습니다. 하지만 사자와 곰도 나를 집어삼키지 못했으니 하나님이 "할례받지 않은 블레셋인"에

게서도 나를 구해 주실 줄 믿습니다. ^{삼상 17:37}

여기까지 말한 크리스천은 노래를 부르기 시작했다.

> 불쌍한 작은 믿음이여!
> 강도들을 만났는가?
> 돈을 빼앗겼는가? 명심하게나.
> 더 큰 믿음을 가지면 겨우 세 명이 아닌
> 만 명도 너끈히 이기는 용사가 되리라.

크리스천과 소망은 계속해서 길을 갔고, 그 뒤로 여전히 무지가 따라왔다. 한참을 가다 보니 길이 두 갈래로 갈라지는 지점이 나타났다. 다른 한 길도 이제껏 걸어오던 길만큼이나 곧게 뻗어 있어서 두 사람은 어느 길로 가야 할지 고민에 빠졌다.

두 사람이 한참을 서서 이러지도 저러지도 못하고 있는데, 검은 피부에 흰옷을 입은 한 남자가 다가와 물었다. "거기 서서 뭘 하고 계십니까?" 두 사람은 천성 문으로 향하던 가운데 새로운 길이 나타나 어느 쪽으로 가야 할지 고민하고 있다고 말했다. 그러자 그 사람이 말했다. "따라오세요. 저도 거기로 가는 길이랍니다."

두 사람은 흰옷 입은 남자를 따라가기로 했다. 하지만 그를 따라 출발한 길이 조금씩 구부러지면서 천성으로 가는 방향에서 점점 멀어지는 게 아닌가. 급기야 두 사람은 아예 천성을 등지게 되었다.

사실 길에서 만난 그 남자는 몰래 두 사람을 그물의 사정권 안으로 이끌고 있었다. 결국 두 사람은 그물에 걸려 꼼짝 못하게 되었다. 그 순간, 검은 얼굴의 사람에게서 흰옷이 감쪽같이 사라졌고, 그제야 두 사람은 자신들이 함정에 빠졌다는 사실을 깨달았다. 하지만 그들은 그물에서 빠져나올 수 없어 한참동안 눈물만 흘리고 있어야 했다.

크리스천 ／ 이제 내가 뭘 잘못했는지 알겠어요. 목자들이 아첨꾼들을 조심하라고 하지 않았나요? 지혜로운 자는 "이웃에게 아첨하는 것은 그의 발 앞에 그물을 치는 것이니라"라고 했지요. 잠 29:5 우리가 바로 그 그물에 당하고 말았군요.

소망 ／ 우리에게는 목자들이 준 지도도 있었어요. 하지만 그것을 완전히 잊고 포악한 자의 길로 잘못 들어서고 말았군요. "남들이야 어떠했든지 나는 주의 입술의 말씀을 따라 스스로 삼가서 포악한 자의 길을 가지 않았다"라고 말한 다윗이 역시 우리보다 지혜로웠어요. 시 17:4

그렇게 두 사람은 그물 안에서 하염없이 눈물을 흘리며 후회의 한숨을 쉬고 있었다. 그때 손에 작은 채찍 하나를 든 빛나는 천사가 다가오는 게 보였다. 그는 크리스천과 소망에게 다가와 어디서 와서 어디로 가는 길인지 물었다. 두 사람은 자신들이 시온산으로 향하는 불쌍한 순례자들인데, 흰옷을 입은 검은 사람을 따라갔다가 옳은 길에서 벗어나고 말았다고 대답했다. 그러자 채찍을 든 천사가 그자는 아첨꾼이며, 광명의 천사로 둔갑한 거짓 사도라고 말했다. 잠 29:5; 단 11:32; 고후 11:13-14

빛나는 천사는 그물을 찢어 두 사람을 구해 준 뒤에 이렇게 말했다. "따라오시오. 당신들이 원래 가던 길로 데려다주겠습니다." 빛나는 천사는 두 사람을 이끌어 아첨꾼을 만났던 곳으로 데려다주었다. 그곳에서 그가 물었다.

"간밤에 어디서 묵었습니까?"

"기쁨 산맥에 있던 목자들의 집에서 묵었습니다."

"그 목자들이 길을 알려 주는 지도를 주지 않았습니까?"

"네, 맞습니다."

"길이 헷갈릴 때 그 지도를 꺼내서 봤습니까?"

"그러지 않았습니다."

"왜 그랬습니까?"

"지도가 있다는 것을 잊어버렸습니다."

"그 목자들이 아첨꾼을 조심하라고 경고하지 않았습니까?"

"그랬습니다. 하지만 이렇게 선량해 보이는 자가 아첨꾼일 줄은 상상도 못했습니다." 롬 16:18

그때 내가 꿈에서 보니, 빛나는 천사는 크리스천과 소망에게 땅에 엎드리라고 명령했다. 두 사람이 엎드리자 그는 채찍질로 그들을 징계했다. 채찍질이 끝나자 그는 이렇게 말했다. "무릇 내가 사랑하는 자를 책망하여 징계하노니 그러므로 네가 열심을 내라. 회개하

라."^{계 3:19; 신 25:2}

그러고 나서 두 사람에게 목자들이 전해 준 경고들을 항상 기억하며 다시 길을 떠나라고 명했다. 두 사람은 빛나는 천사가 베풀어 준 가르침에 감사를 표했고, 다시금 가벼운 발걸음으로 노래를 부르며 순례의 길을 떠났다.

천국을 향해 걷는 이여, 이리 와서 보라.

길을 헤맨 순례자들이 어떻게 되었는지!

귀한 조언을 가벼이 여겨 잊어버리는 바람에

그물에 걸리고 말았구나.

다행히 그곳에서 벗어나긴 했지만 보다시피

채찍에 호되게 맞았구나.

이것을 교훈으로 삼아 결코 잊지 않기를!

얼마 지나지 않아 저 앞에서 혼자 걸어오는 한 사람이 보였다. 그 모습을 본 크리스천은 소망에게 말했다. "저기 시온을 등지고 오는 자가 있군요. 이쪽으로 오고 있어요." 소망도 그를 발견하고 말했다. "나도 보입니다. 저자도 아첨꾼일지 모르니 이번에는 단단히 조심하는 게 좋겠어요."

앞에서 걸어오던 사람과 두 사람이 서로 마주쳤다. 그의 이름은 무신론자^{Atheist}였는데 두 사람을 보고는 어디로 가는 길인지 물었다. 두 사람은 시온산으로 가는 길이라고 대답했다. 그러자 무신론자가 아주 큰 소리로 웃었다.

크리스천 ― 그 웃음은 무슨 뜻입니까?

무신론자 ― 당신들이 너무 어리석어 보여 웃었소. 무엇 하러 이 힘든
길을 가려는지, 원. 가 봐야 고생만 할 뿐이오.

크리스천 ― 이보십시오. 우리가 천성에 들어가지 못한다고 생각하시
는 겁니까?

무신론자 ― 도대체 들어가긴 어딜 들어간다는 거요? 당신들이 꿈꾸
는 그런 곳은 이 세상에 없습니다.

크리스천 ― 장차 다가올 세상에는 있지요.

무신론자 ― 나도 고향에 있을 때 그런 말을 듣고 길을 나서서 그 천성
을 20년이나 찾아 헤맸소. 하지만 아무것도 발견하지 못
했소. 렘 22:12; 전 10:15

크리스천 ― 천성은 반드시 있습니다. 우리는 둘 다 그곳을 찾을 수 있
다고 들었고, 또 그렇게 믿고 있습니다.

무신론자 ― 나도 그 말을 믿지 않았다면 그곳을 찾겠다고 여기까지
왔겠소? 하지만 결국 아무것도 찾지 못했소. 내가 당신들
보다 훨씬 전부터 여행을 시작했고 더 멀리까지 가 봤으
니 그런 곳이 있다면 당연히 내가 먼저 찾았어야 하지 않
겠소? 이제 나는 돌아갈 거요. 가서 헛된 희망을 좇느라
버려야 했던 것들을 다시 즐길 거요.

그러자 크리스천이 소망에게 말했다.

크리스천 〉 소망 형제, 어떻게 생각하나요? 이 사람의 말이 정말 사실일까요?

소망 〉 조심하세요. 이자는 아첨꾼 중 한 명입니다. 우리가 이런 자의 말을 들었다가 어떤 곤욕을 치렀는지 벌써 잊었나요? 시온산이 없다고요? 무슨 말도 안 되는 소리인가요. 기쁨 산맥에서 분명 천성 문을 보지 않았던가요? 더구나 우리의 길은 믿음으로 걷는 길이 아닌가요? 채찍을 든 천사를 다시는 만나지 않도록 흔들리지 말고 걸어갑시다. 원래 크리스천 형제님이 내게 들려주어야 할 말씀이지만, 이번만큼은 내가 들려드리겠습니다. "내 아들아, 지식의 말씀에서 떠나게 하는 교훈을 듣지 말지니라." 형제님, 저 자의 말에 귀기울이지 말고 영혼의 구원을 믿으며 나아갑시다. 고후 5:7; 잠 19:27; 히 10:39

크리스천 〉 역시 소망 형제는 나의 든든한 동행자입니다. 나는 형제에게 이 말을 듣기를 원했어요. 나 역시 진리를 의심하지 않습니다. 다만 형제에게서 믿음의 고백을 듣기 위해 그렇게 물어 본 것이지요. 그렇습니다. 저 사람은 이 세상의 우상에 눈이 먼 자이지요. 모든 거짓은 진리에서 나지 않으니, 요일 2:21 진리를 믿는 우리는 저 사람의 거짓말에 흔들리지 말고 계속해서 길을 갑시다.

소망   우리 함께 하나님의 영광을 볼 생각을 하니 내 입에서 웃
음이 떠나지를 않는군요.

그리하여 두 사람은 무신론자에게서 떠났고, 무신론자 역시 두 사람을 비웃으며 제 길로 갔다.

꿈에서 보니 두 사람이 어느 마을에 도착했는데, 그곳의 공기는 사람을 나른하고 졸리게 만들었다. 소망은 눈꺼풀이 무거워져 연신 하품을 하기 시작했다.

소망   너무 졸려서 눈을 뜨고 있을 수가 없군요. 아무래도 여기
누워서 한숨 자고 가야겠어요.

크리스천   안 돼요. 여기서 잤다가는 다시 깨어나지 못할 겁니다.

소망   그게 무슨 소리인가요? 수고한 사람에게 잠은 더없이 달콤
한 휴식이지요. 낮잠을 한숨 푹 자고 나면 피로가 확 풀릴
겁니다.

크리스천   마법의 땅을 조심하라는 목자의 말을 벌써 잊은 건가요?
그들은 마법의 땅에서 절대 잠들지 말라고 했습니다. 그
러니 우리는 다른 사람들처럼 잠들지 말고 깨어서 정신을
차려야 해요. 살전 5:6

소망   이런, 또 큰일이 날 뻔했군요. 크리스천 형제님과 함께하
지 않았다면 보나마나 자다가 큰일을 당했을 것입니다.
"두 사람이 한 사람보다 낫다"라는 지혜자의 말이 참으로

옳군요. ^{전 4:9} 지금까지 형제님과 동행한 것이 내겐 큰 복입니다. 형제님은 분명 큰 상급을 받을 것입니다.

크리스천 ― 더 이상 졸리지 않도록 유익한 대화나 나누며 가는 게 어떻겠어요?

소망 ― 유익한 대화라……. 좋지요.

크리스천 ― 자, 어떤 이야기부터 할까요?

소망 ― 무슨 이야기든 하나님이 이끄시는 대로 해 봐요. 자, 크리스천 형제님부터 시작해 보세요.

크리스천 ― 먼저 형제에게 이 노래를 들려주고 싶군요.

졸음을 참기 힘든 성도여, 이리 오세요.

이 두 순례자의 이야기를 들어보세요.

이 이야기를 듣고 깨어 정신을 차리세요

졸린 눈을 억지로라도 부릅뜨세요.

성도의 교제를 잘 가꾸면

깨어서 지옥에 빠지지 않을 수 있답니다.

크리스천 ― 소망 형제에게 한 가지 묻고 싶군요. 어떻게 이 순례의 길을 떠날 생각을 하게 되었나요?

소망 ― 그러니까 내가 처음에 어떻게 영혼의 유익을 추구할 결심을 하게 되었는지 묻는 것이지요?

크리스천 ― 그렇습니다.

소망   ⁄   그럼 내 이야기를 들려 드리지요. 나는 오랫동안 헛됨의
           시장에서 팔던 것들에 빠져 살아왔습니다. 계속해서 그렇
           게 살았다면 아마 지금쯤 파멸하고 말았겠지요.

크리스천 ⁄   형제를 망치던 그것들이 무엇인가요?

소망   ⁄   세상의 온갖 보물과 부예요. 아울러 방탕과 난잡한 파티,
           술, 욕설, 거짓말, 부도덕을 일삼고 안식일을 어기는 등 영
           혼을 파괴하는 온갖 행위가 나를 망가뜨렸습니다. 그러던
           가운데 헛됨의 시장에서 신앙을 지키려다가 죽은 그 훌륭
           한 사람, 신실을 만났지요. 그에게서 하늘의 것에 대해 듣
           고 고민한 끝에 나는 죄의 마지막이 사망이며롬 6:21 결국
           하나님의 진노가 불순종의 아들들에게 임한다는 진리를
           마침내 깨달았답니다. 엡 5:6

크리스천 ⁄   그래서 진리를 깨달은 즉시 그 확신을 좇게 되었나요?

소망   ⁄   아닙니다. 처음에는 죄는 악하고 멸망을 낳는다는 사실을
           결코 받아들이고 싶지 않았어요. 그래서 말씀이 내 마음을
           처음 흔들 때 그 말씀의 빛을 보지 않으려고 애를 썼지요.

크리스천 ⁄   성령님이 형제에게 역사하신 뒤에도 계속해서 죄를 지은
           이유는 뭔가요?

소망   ⁄   우선, 그것이 하나님의 역사인 줄 몰랐기 때문입니다. 하
           나님이 죄를 자각하게 하심으로 죄인을 회심시키신다는
           생각을 해 본 적이 없었어요. 둘째는, 내 육신 속에 있는
           죄가 너무 달콤했기 때문이에요. 죄를 떠나기가 너무 싫

었지요. 셋째는, 옛 친구들을 어떻게 끊어야 할지 몰랐어요. 그들과 어울리는 일이 너무 좋았거든요. 넷째는, 죄를 자각하는 순간이 너무 괴롭고 힘들어서 다시 떠올리고 싶지 않았습니다.

크리스천 ╱ 그렇다면 때로 죄의식을 떨쳐 낼 때도 있었단 말인가요?

소망 ╱ 네, 그랬지요. 하지만 그래 봐야 잠깐뿐이었어요. 매번 죄의식이 다시 살아나 전만큼, 아니 전보다 더 힘들어졌거든요.

크리스천 ╱ 어떨 때 죄의식이 다시 살아났나요?

소망 ╱ 여러 경우가 있었어요. 이를테면, 길에서 선한 사람을 만날 때, 성경 말씀을 들을 때, 갑자기 머리가 아프기 시작할 때, 이웃이 아프다는 말을 들을 때, 누군가가 죽었다는 종소리가 들릴 때, 내가 죽는다는 생각을 할 때, 누군가가 갑작스럽게 변을 당했다는 소식을 들을 때, 특히, 내가 곧 심판을 받게 된다는 생각을 할 때 가장 그러했습니다.

크리스천 ╱ 그럴 때 살아난 죄의식을 매번 쉽게 떨쳐 낼 수 있었나요?

소망 ╱ 아니요, 양심의 가책이 갈수록 심해졌어요. 마음으로는 죄를 원하지 않았지만, 다시 죄악 된 삶으로 돌아가고자 하는 생각이 들 때면 두 배나 더 괴로웠어요.

크리스천 ╱ 그럼 그럴 때는 어떻게 했나요?

소망 ╱ 새로운 삶을 살기 위해 발버둥이라도 쳐야겠다고 생각했어요. 그렇지 않으면 지옥에 떨어질 수밖에 없으니까 말이에요.

크리스천 — 그래서 어떤 노력을 했나요?

소망 — 내 죄만이 아니라 죄를 일삼는 친구들에게서 떠났습니다.
기도하고, 말씀을 읽고, 죄를 지을 때마다 통한의 눈물을
흘리고, 이웃 사람들에게 진리를 열변하며, 종교적 의무
도 나름대로 열심히 지켰어요. 이외에도 내가 한 노력은
지금 다 열거하지 못할 정도랍니다.

크리스천 — 그랬더니 괴로움은 사라졌나요?

소망 — 잠시 동안은 사라진 것도 같았어요. 하지만 삶을 바꿔 보
려는 눈물겨운 노력에도 불구하고 괴로움은 계속해서 다
시 찾아오더군요.

크리스천 — 소망 형제가 그토록 새로운 삶을 살려고 노력했는데 왜
다시 괴로워졌을까요?

소망 — 몇 가지 이유가 있었는데, 특히 이런 말씀들 때문입니다.
"우리의 의는 다 더러운 옷 같으며."사 64:6 "율법의 행위로
써는 의롭다 함을 얻을 육체가 없느니라."갈 2:16 "너희도 명
령받은 것을 다 행한 후에 이르기를 우리는 무익한 종이
라 우리가 하여야 할 일을 한 것뿐이라."눅 17:10
이외에도 많은 말씀이 나를 괴롭게 했지요. 그러니까 내
모든 의가 더러운 옷과 같고, 율법의 행위로는 누구도 의
롭다 함을 얻을 수 없으며, 갖은 노력을 다해도 여전히 무
익한 종으로 남을 수밖에 없다면, 율법으로 천성에 가려는

것은 부질없는 짓이라고 말이에요.

나아가 이런 생각도 들었어요. 그러니까 가게에 청산할 외상값이 십만 원이 있다고 가정해 보아요. 앞으로 살 물건이 얼마든 그 값을 다 치른다 해도 이전에 빚진 외상값을 청산하지 않으면 가게 주인에게 소송을 당해 쇠고랑을 찰 수밖에 없지요.

크리스천 ╱ 그렇겠군요. 그런데 이 생각을 소망 형제에게 어떻게 적용했나요?

소망 ╱ 그런 생각이 들더군요. 죄가 하나님의 책에 빽빽이 적혀 있는데, 내가 아무리 삶을 뜯어고쳐 본들 소용없는 일이 아니겠냐고요. 그 책에 적힌 죄의 빚을 다 갚을 수 없다면 삶을 바꾸려는 내 모든 노력이 무의미하는 생각이 들었어요. 이미 저지른 죄로 인한 형벌을 어떻게 피해야 할지 몰라 참으로 답답한 시간이었습니다.

크리스천 ╱ 아주 잘 적용한 것 같습니다. 계속 이야기해 보세요.

소망 ╱ 삶이 꽤 새로워진 뒤에도 나를 괴롭게 만든 또 한 가지 사실이 있었어요. 나의 가장 훌륭한 행동도 그 속을 가만히 들여다보면 죄가 숨어 있다는 사실이었어요. 그 전에는 나의 새로운 삶에 대해 꽤 자부심을 가졌지만, 설령 내가 어제까지 흠 없이 완벽한 삶을 살았다 해도 단 하루 만에 지옥에 가고 남을 만한 죄를 또다시 저지를 수 있다는 결론을 내릴 수밖에 없었거든요.

크리스천 ― 그래서 어떻게 했나요?

소망 ― 어떻게 했냐고요? 솔직히 뭘 해야 할지 모르겠더군요. 신실 형제님에게 답답한 속을 털어놓기 전까지는 말이에요. 신실 형제님과는 원래부터 잘 알고 지내던 사이였지요. 신실 형제님은 죄가 없으신 분의 의를 얻지 않으면 내 의는 물론이고, 온 세상의 모든 의로도 구원을 받을 수 없다고 말했어요.

크리스천 ― 그 말이 사실로 믿어지던가요?

소망 ― 내가 나의 노력으로 이룬 새로운 삶에 만족하고 있을 때 그 말을 들었다면 쓸데없는 걱정을 한다고 오히려 타박했겠지요. 하지만 이제 심지어 나의 가장 선한 행동 속에도 죄가 숨어 있어서 내가 얼마나 무력한지를 절실히 깨달았기 때문에 그의 말에 수긍할 수밖에 없었어요.

크리스천 ― 하지만 신실이 말한, 한 번도 죄를 지은 적이 없는 분이 존재한다는 사실이 믿어지던가요?

소망 ― 솔직히 처음에는 좀 이상한 소리라고 생각했습니다. 하지만 신실 형제님과 좀 더 이야기를 나누어 보고서 완전히 확신하게 되었어요.

크리스천 ― 죄 없으신 분이 누구이며, 어떻게 그분을 통해 의로워질 수 있는지 물어보았나요?

소망 ― 그럼요. 신실 형제님은 그분이 지극히 높으신 분의 오른편에 앉아 계신 예수님이라고 하더군요. 그분이 세상에서 행하신 일과 십자가에 달려 고난을 받으신 일을 믿으면 의로워질 수 있다고 했어요.^{히 10장; 롬 4장; 골 1장; 벧전 1장} 나는 그분의 의가 어떻게 해서 다른 사람을 하나님 앞에서 의롭게 할 수 있는지 계속해서 물어보았어요. 그랬더니 그분이 전능하신 하나님이시며, 자신이 아닌 나를 위해 십자가에 달려 돌아가셨다고 하더군요. 그분을 믿으면 그분이 행하신 일과 그 일의 가치가 내 것이 된다고 말이에요.

크리스천 ╱ 소망 형제는 뭐라고 했나요?

소망 ╱ 그런 분이 나 같은 자를 구원해 주실 리가 없으니 그분을 믿어서 무엇 하겠냐고 말했습니다.

크리스천 ╱ 그랬더니 신실이 뭐라고 말하던가요?

소망 ╱ 직접 그분에게 가 보라고 하더군요. 나 같은 사람이 어떻게 주제넘게 그런 분을 뵐 수 있느냐고 했더니, 그분의 생각은 다르다며, 오히려 그분이 나를 초대하셨다고 하더군요.^{마 11:28} 그리고 나서 내가 그분의 보좌 앞에 담대히 나아갈 수 있도록 격려하기 위해 그분이 쓰신 책 한 권을 주었어요. 천지가 없어져도 그 책은 토씨 하나 없어지지 않는다고 하면서요.

내가 그분 앞에 가서 어떻게 해야 하냐고 묻자, 무릎을 꿇고 나를 만나 달라고 전심으로 간청하라고 했어요.^{시 95:6; 단 6:10; 렘 29:12-13} 그래서 어떻게 하면 간청할 수 있냐고 물었지요. 그랬더니 그분은 자신을 찾아오는 사람을 용서해 주시기 위해 오래전부터 속죄소에 앉아 계신다고 했어요. 그곳에 가면 그분을 만날 수 있다고 말이에요. 출 25:22; 레 16:2; 민 7:89; 히 4:15-16 내가 그분을 만나면 무슨 말을 해야 할지 모르겠다고 하자, 신실 형제님은 이렇게 간청하라고 알려 주었어요.

"하나님, 이 죄인을 불쌍히 여기시고 예수 그리스도를 알고 또한 믿게 해 주십시오. 그리스도의 의가 아니면, 그리고 제가 그 의를 믿지 않으면 저는 멸망할 수밖에 없습니다. 하나님, 당신의 자비는 크셔서 저 같은 죄인을 위해 당신의 아들 예수 그리스도를 세상의 구주로 보내 주셨다고 들었습니다. 하나님, 당신의 아들 예수 그리스도를 통해 제 영혼을 구하시어 당신의 크신 은혜를 보여 주십시오. 아멘."

크리스천 ╱ 신실이 가르쳐 준 대로 기도드렸나요?

소망 ╱ 그럼요. 몇 번이고 간절히 기도드렸지요.

크리스천 ╱ 하나님께서는 형제에게 그분의 아들을 보여 주셨나요?

소망 ╱ 아니요. 한 번, 두 번, 세 번, 네 번, 다섯 번, 심지어 여섯 번을 간청했는데도 응답이 없더군요.

크리스천 ╱ 그래서 어떻게 했나요?

소망 ╱ 도무지 뭘 해야 할지 모르겠더군요.

크리스천 ╱ 기도를 그만두고 싶지는 않았나요?

소망 ╱ 물론, 수도 없이 그만두고 싶었어요.

크리스천 그런데 기도를 포기하지 않은 이유는 무엇인가요?

소망 신실 형제님의 말이 진리임을 알았기 때문이에요. 그리스도의 의가 아니면 세상 무엇으로도 구원받을 수 없다는 이 진리 말이지요. 내가 여기서 포기한다면 죽을 수밖에 없다고 생각했어요. 그리고 죽더라도 은혜의 보좌 앞에서 죽어야겠다고 생각했습니다. 그때 이 말씀이 생각났어요. "그 종말이 속히 이르겠고 결코 거짓되지 아니하리라. 비록 더딜지라도 기다리라. 지체되지 않고 반드시 응하리라."합 2:3 그래서 하나님이 아들을 보여 주실 때까지 계속해서 기도하고 또 기도했습니다.

크리스천 예수님이 소망 형제에게 어떻게 나타나셨나요?

소망 육체의 눈이 아니라 마음의 눈으로 그분을 보았습니다.엡 1:18-19 어떻게 된 일이냐면, 어느 날 나는 큰 슬픔에 잠겨 있었습니다. 내 평생 그런 슬픔은 처음이었어요. 그 슬픔은 내 죄가 얼마나 크고 더러운지를 전에 없이 분명히 알게 됐기 때문에 찾아온 것이었어요. 그저 지옥과 내 영혼의 영원한 죽음만 눈앞에 선했는데, 갑자기 꿈인지 생시인지 예수님이 하늘에서 나를 내려다보시며 "주 예수를 믿으라. 그리하면 너와 네 집이 구원을 받으리라"라고 말씀하시는 것을 보게 되었어요. 행 16:30-31

내가 "주님, 저는 말할 수 없이 큰 죄인입니다"라고 말하자, 예수님은 "내 은혜가 네게 족하도다"라고 말씀하셨습

니다.고후 12:9 그래서 내가 "주님, 믿음이란 무엇입니까?"라
고 물었더니, 예수님은 "내게 오는 자는 결코 주리지 아니
할 터이요, 나를 믿는 자는 영원히 목마르지 아니하리라"
라고 말씀하셨습니다.요 6:35 그 말씀을 듣고 나는 그분께
가는 것이 곧 믿음임을 알게 되었어요. 그러니까 구원을
바라며 그분께 오는 사람이 바로 그분을 믿는 사람이지
요. 그 순간, 내 눈에 눈물이 가득 고였어요. 계속해서 나
는 "주님, 과연 저 같은 큰 죄인도 받아 주시고 구원해 주
실 수 있습니까?"라고 물었어요. 그러자 이런 말씀이 들
려왔습니다. "내게 오는 자는 내가 결코 내쫓지 아니하리
라."요 6:37

나는 "제가 당신을 어떤 분으로 여겨야 제대로 믿는 것
입니까?"라고 물었습니다. 그러자 그분은 이렇게 말씀하
셨어요. "그리스도 예수께서 죄인을 구원하시려고 세상
에 임하셨다 하였도다."딤전 1:15 "그리스도는 모든 믿는 자
에게 의를 이루기 위하여 율법의 마침이 되시니라."롬 10:4
"예수는 우리가 범죄한 것 때문에 내줌이 되고 또한 우리
를 의롭다 하시기 위하여 살아나셨느니라."롬 4:25 "우리를
사랑하사 그의 피로 우리 죄에서 우리를 해방하시고."계 1:5
"하나님과 사람 사이에 중보자이시니라."딤전 2:5 "그가 항
상 살아 계셔서 그들을 위하여 간구하심이라."히 7:25
이런 말씀을 통해 나는 그분에게서 의를 찾아야 하며, 그

분의 피로 내 죄가 용서받았다는 사실을 알게 되었습니다. 예수님이 아버지의 율법에 순종함으로 기꺼이 십자가의 형벌을 받으신 것은 자신을 위함이 아니라 그 일을 믿고 구원을 받을 사람들을 위함이었음을 깨닫게 되었고요. 내 마음은 기쁨으로 벅차오르고 눈에서는 하염없이 눈물이 흘러내렸지요. 내 속에서 예수 그리스도의 이름과 그분의 백성, 그분이 걸으신 길을 향한 사랑이 활활 타올랐습니다.

크리스천　그리스도께서 소망 형제에게 나타나신 것이 분명하군요. 이제 그로 인해 형제의 영혼에 어떤 변화가 일어났나요?

소망　세상이 아무리 의를 주장해도 멸망할 수밖에 없는 상태에 있음을 분명히 알게 되었어요. 하나님은 공의로우시지만 그분께 가까이 오는 죄인을 내치지 않으시고 의롭게 하시는 분임도 깨달았지요. 더불어 나의 추악한 옛 삶이 부끄러워서 견딜 수 없고 내 무지를 통감하게 되었고요. 그동안은 철저히 무지했던 탓에 예수 그리스도의 아름다우심을 전혀 보지 못했으니 말이에요.

이제 거룩한 삶을 사모하게 되었어요. 예수 그리스도의 이름으로 명예롭고 영광스러운 일을 하고 싶어졌고요. 주 예수 그리스도를 위해서라면 내 안에 있는 피를 남김없이 흘려도 아깝지 않다고 생각하게 되었습니다.

"나더러 직접 그분에게 가 보라고 하더군요.

내가 그분을 만나면

무슨 말을 해야 할지 모르겠다고 하자,

이렇게 간청하라고 알려 주었어요."

"하나님, 이 죄인을 불쌍히 여기시고

예수 그리스도를 알고 또한 믿게 해 주십시오.

그리스도의 의가 아니면, 그리고 제가 그 의를 믿지 않으면

저는 멸망할 수밖에 없습니다.

하나님, 당신의 자비는 크셔서 저 같은 죄인을 위해

당신의 아들 예수 그리스도를 세상의 구주로 보내 주셨다고 들었습니다.

하나님, 당신의 아들 예수 그리스도를 통해

제 영혼을 구하시어 당신의 크신 은혜를 보여 주십시오. 아멘."

CHAPTER 10

'무지',
생명의 권면을
끝내 무시하다

선과 의, 두려움, 옛 삶

마법의 땅

함정

소망이 몸을 돌려 뒤따라오던 무지를 바라보았다.

소망 ╱ 저 젊은 친구 좀 봐요. 저렇게 꾸물대면서 한가롭게 따라
오고 있군요.

크리스천 ╱ 그러게 말이에요. 우리와 함께 걷는 게 정말 싫은가 봅니다.

소망 ╱ 우리와 같이 가는 것이 손해 보는 일은 아닐 텐데 말입니다.

크리스천 ╱ 하지만 저 친구는 그렇게 생각하지 않는 것 같지요?

소망 ╱ 내가 봐도 그래요. 그래도 우리 좀 기다렸다가 같이 가지요.

크리스천 ╱ (무지를 향해) 이봐, 젊은이! 이쪽으로 어서 오게나. 왜 그렇
게 뒤쳐져서 걷나?

무지 ╱ 저는 마음이 잘 통하는 사람이라면 모를까, 그렇지 않다
면 혼자 걷는 편이 편합니다.

크리스천은 소망에게 낮은 목소리로 말했다. "이것 봐요, 우리와
함께 가기 싫어하는 것 같다고 했지요? 하지만 우리도 걷는 길이 마
침 지루하던 참이니 저 젊은이와 이야기나 나누며 가지요."

크리스천은 무지를 보며 다시 말했다. "이보게. 자네 영혼의 상태는 어떤가? 하나님과의 관계는 좋은가?"

무지 　 괜찮은 편입니다. 길을 걷는 내내 선한 생각들만 했으니까요.

크리스천 　 선한 생각이라? 어떤 생각인지 한번 듣고 싶군.

무지 　 하나님과 천성에 관한 생각입니다.

크리스천 　 마귀들과 지옥으로 떨어질 자들도 천성에 대해 생각은 하네만.

무지 　 저는 생각만 하는 것이 아닙니다. 그곳을 갈망하고 있습니다.

크리스천 　 천성에 들어갈 수 없는 사람 가운데도 천성을 원하는 사람이 많지. 그래서 성경은 말하기를 "게으른 자는 마음으로 원하여도 얻지 못하나"라고 하지 않는가?^{잠 13:4}

무지 　 하지만 저는 하나님과 천성을 위해 모든 것을 버리기까지 했습니다.

크리스천 　 자네 말을 내가 어떻게 믿겠나? 자신에게 있는 모든 것을 버리는 일은 누구나 할 수 있는 일이 아니네. 보통 사람들이 생각하는 것보다 훨씬 더 어려운 일이지. 그런데 자네는 하나님과 천성을 위해 모든 것을 버렸다고 어떻게 확신하나?

무지 　 마음으로 느낄 수 있습니다.

크리스천 ― 하지만 지혜자는 "자기의 마음을 믿는 자는 미련한 자요"라고 말했네. 잠 28:26

무지 ― 그가 말하는 것은 악한 마음이고, 제 마음은 선한 마음입니다.

크리스천 ― 자네 마음이 선하다는 것을 어떻게 증명할 수 있겠나?

무지 ― 천성의 소망이 제게 위안이 되기 때문입니다.

크리스천 ― 젊은이, 그것은 자기기만일 수도 있네. 때로 사람의 마음은 아무 근거도 없이 소망을 품어 위안을 삼기도 하니 말이네.

무지 ― 하지만 제 마음과 제 삶은 일치합니다. 그러니 제가 품은 소망은 헛된 소망이 아니지요.

크리스천 ― 자네 마음과 삶이 일치한다고 어떻게 알 수 있는가?

무지 ― 제 마음이 그렇게 말하기 때문입니다.

크리스천 ― 그런 식이라면, 자네 마음이 내가 도둑이라고 말한다면 나는 정말 도둑이겠군. 자네 마음이 그렇게 말한다고 했나? 하나님의 말씀이 뒷받침해 주지 않는 모든 말과 삶은 결코 신뢰할 수 없다네.

무지 ― 선한 생각을 하는 마음이 선한 마음이 아닙니까? 그리고 하나님의 계명을 따라 사는 삶이 선한 삶이 아닌가요?

크리스천 ― 물론 선한 생각을 하는 마음이 선한 마음이고, 하나님의 계명을 따라 사는 삶이 선한 삶인 건 맞네. 하지만 자신이 그렇다고 생각하는 것과 실제로 그런 것은 전혀 별개의 문제라네.

무지 ╱ 그렇다면 선생님이 생각하시는 선한 생각과 하나님의 계
명을 따르는 삶이 무엇인지 들려주시지요.

크리스천 ╱ 선한 생각에도 여러 가지가 있다네. 자신에 관한 생각도
있고 하나님에 관한 생각도 있지. 그리스도에 관한 생각
도 있고 그 외에 다른 것에 관한 생각도 있고 말이네.

무지 ╱ 자신에 관한 선한 생각은 무엇인가요?

크리스천 ╱ 그것은 하나님의 말씀과 일치하는 생각이네.

무지 ╱ 어떠할 때 자신에 관한 생각이 하나님의 말씀과 일치하는
것이지요?

크리스천 ╱ 하나님의 말씀에 따라 자기 자신을 판단할 때지. 말하자
면 이런 거야. 하나님의 말씀은 타락한 인간에 대해 이렇
게 말하고 있네. "의인은 없나니 하나도 없으며."롬 3:10 "그
의 마음으로 생각하는 모든 계획이 항상 악할 뿐임을 보
시고."창 6:5 "사람의 마음이 계획하는 바가 어려서부터 악
함이라."창 8:21 자기 자신에 대해 이렇게 생각한다면 그것
이 바로 하나님의 말씀과 일치하는 선한 생각이네.

무지 ╱ 저는 제 마음이 그렇게까지 악하다는 말은 받아들일 수
없습니다.

크리스천 ╱ 그렇다면 자네는 자신에 관해 선한 생각을 해 보지 못한
것이네. 내 말을 계속해서 들어보게나. 성경은 우리의 마
음만이 아니라 우리의 삶에 대해서도 판단하고 있네. 우

리의 마음과 삶에 관한 생각이 성경의 판단과 일치할 때,
그것이 바로 선한 생각이야.

무지　ノ　좀 쉽게 설명을 해 주시지요.

크리스천　ノ　하나님의 말씀은 인간의 삶이 결코 선하지 않다고 말하
네. 성경은 본래 인간이 옳은 길을 알지 못해 그 길에서
벗어났다고 말하지. 시 125:5; 잠 2:15; 롬 3장 올바른 분별력과 겸
손한 마음으로 자신의 삶에 대해 그렇게 생각한다면, 그
것은 하나님의 말씀과 일치하는 생각이므로 선한 생각이
라고 할 수 있네.

무지　ノ　하나님에 관한 선한 생각은 무엇입니까?

크리스천　ノ　우리 자신에 관한 생각과 마찬가지로 하나님에 관한 생각
도 그분의 말씀과 일치할 때 선한 생각이 된다네. 언제나
말씀을 통해 하나님과 그분의 속성을 바라보아야 한다는
말이지. 여기서 이것에 대해 다 이야기하기는 힘들지만,
우리 자신과 관련해서 이 문제를 설명해 보겠네. 하나님
은 우리 자신보다도 우리를 더 잘 아시고, 우리가 보지 못
하는 죄까지도 보시며, 우리 마음 깊은 곳의 생각까지도
훤히 아신다네. 또한 우리의 의는 하나님께 악취 나는 쓰
레기에 불과하고, 우리가 아무리 그럴듯한 행위로 나아가
도 하나님 앞에 떳떳하게 설 수가 없네. 바로 이런 생각들
이 하나님에 관한 올바른 생각이지.

무지　ノ　선생님은 제가 저 자신에 관해 하나님보다 더 잘 알고, 제

훌륭한 행위로 하나님께 나아갈 수 있다고 생각하는 바보
인 줄 아십니까?

크리스천 그렇다면 이 문제에 관한 자네의 생각은 어떠한가?

무지 요점만 말하자면, 저는 그리스도를 믿어야 의인이 될 수
있다고 생각합니다.

크리스천 저런! 그리스도의 필요성을 느끼지도 못하면서 그리스도
를 믿어야 한다고 생각한다니 그게 말이 되나? 자네는 원
죄나 자네가 살아오면서 지은 숱한 죄들을 깨닫지도 못하
고 있지 않은가? 자신과 자신의 행위에 관한 자네의 생각
을 들어 보면, 자네는 하나님 앞에서 의인이 되기 위해 그
리스도의 의가 필요하다는 사실을 전혀 깨닫지 못한 사람
같네. 그런데 어떻게 그리스도를 믿는다고 말할 수 있단
말인가?

무지 저는 지금 선생님이 이야기하시는 모든 것을 잘 믿고 있
습니다.

크리스천 무엇을 어떻게 믿고 있단 말인가?

무지 저는 지금 그리스도께서 죄인들을 위해 돌아가셨고, 그분
이 율법에 순종하는 제 모습을 은혜롭게 여기셔서 저를
저주에서 구해 내어 하나님 앞에서 의롭게 해 주실 줄 믿
습니다. 그러니까 그리스도의 공로 덕분에 하나님께서 제
모든 종교적인 행동들을 받아 주시고, 저를 의롭게 여겨
주시는 것이지요.

 자네의 그런 신앙고백에 관해 답해 보겠네. 첫째, 자네의 믿음은 어디에서도 볼 수 없는 가공架空의 믿음이네. 그런 믿음은 성경 어디에도 기록되어 있지 않기 때문이지. 둘째, 자네의 믿음은 그릇된 믿음이야. 그리스도의 의에서 칭의를 마음대로 떼어 내어 자네 자신에게 적용시키고 있기 때문이네. 셋째, 자네는 하나님이 그리스도를 통해 자네 자신이 아닌 자네의 행위를 의롭다 칭해 주신다고 믿고 있어. 결국 자네의 믿음은 자신의 행위로 의로워진다고 말하고 있네.

따라서 자네의 믿음은 기만적인 믿음이네. 그런 믿음으로는 결국 전능하신 하나님의 날에 진노를 사게 될 것이네. 왜냐하면 진정으로 우리를 의롭게 하는 믿음은 율법을 통해 자신의 구제불능 상태를 절실히 깨닫고 그리스도의 의에서 답을 찾게 만들기 때문이지.

그리스도의 의는 하나님이 율법에 순종하는 우리를 받아 주시게 만드는 은혜의 행위가 아니야. 우리를 대신해 완벽한 삶을 사시고 우리 대신 고난을 당하심으로 율법에 순종하신 것이 바로 그리스도의 의라네. 진정한 믿음은 바로 이 그리스도의 의를 받아들이는 믿음이네. 우리가 이 의의 옷을 입고 흠 없는 모습으로 하나님 앞에 설 때, 하나님은 비로소 우리를 받아 주시고 우리의 형벌을 면하게 해 주시는 것이네.

무지   ⁄   무슨 말도 안 되는 소리를 하시는 겁니까? 스스로 아무런
         노력도 하지 않고 그리스도께서 해 주신 일을 믿기만 하
         면 된다고요? 그런 기만에 빠지면 정욕이 고삐 풀린 말처
         럼 날뛰어 제멋대로 살게 되고 말 것입니다. 그리스도의
         의를 믿기만 해도 의로워진다면 어떻게 사는지는 전혀 중
         요하지 않으니까요.

크리스천   ⁄   자네는 무지라는 이름이 정말 어울리는 사람이군. 방금
         자네가 한 대답도 자네의 무지함을 그대로 보여 주었네.
         자네는 우리를 의롭게 하는 의가 무엇이며, 그것을 믿으
         면 어떻게 하나님의 무거운 진노로부터 자신의 영혼을 구
         할 수 있는지를 전혀 모르고 있어. 그리스도의 의를 믿어
         구원받는 믿음이 어떤 결과를 낳는지도 전혀 모르고 있
         고. 그 믿음이 우리로 하여금 하나님의 뜻에 순종하고 그
         분의 이름과 말씀, 그분의 길, 그분의 백성을 사랑하게 만
         든다는 것을 전혀 모르고 있단 말이네.

소망   ⁄   이 젊은이에게 그리스도께서 그에게 나타나신 적이 있는
         지 한번 물어보시지요.

무지   ⁄   지금 계시에 대해 말씀하시는 겁니까? 선생님들은 물론
         이고 계시 운운하는 사람들은 하나같이 머리가 어떻게 된
         자들이라고 생각합니다.

소망   ⁄   이 어리석은 젊은이여, 그리스도께서는 육신의 머리로는
         이해할 수 없도록 하나님 안에 철저히 숨겨져 계신 분이

네. 하나님이 보여 주시지 않으면 누구도 그분을 알고 구원을 받을 수 없네.

무지 　 그것은 선생님들의 믿음일 뿐, 제 믿음과는 다릅니다. 제 머릿속에 선생님들처럼 온갖 잡다한 교리가 없다고 해서 제 믿음이 선생님들의 믿음보다 못한 것은 절대 아닙니다.

크리스천 　 내 한마디만 더 하겠네. 이 문제에 관해 그리 가볍게 말해서는 안 되네. 소망 형제가 말했듯이 하나님이 보여 주시지 않으면 누구도 예수 그리스도를 알 수 없어.^{마 11:27} 또한 그리스도께 영혼을 의탁하게 만드는 올바른 믿음은 오직 "그의 힘의 위력으로 역사하심을" 통해서만 가능하네.^{엡 1:18-19}

안타깝게도 자네는 이런 믿음을 전혀 모르고 있지. 그러니 어서 깨어서 자네의 어리석음을 보고 주 예수 그리스도께 피하게나. 주님의 의, 곧 하나님의 의(예수님이 곧 하나님이시기에)를 믿어야 영원한 형벌에서 구원받을 수 있네.

무지 　 선생님들, 더 이상은 대화를 나누기가 어렵겠습니다. 두 분 모두 먼저 가시지요. 저는 좀 천천히 가겠습니다.

이에 크리스천과 소망은 이렇게 말했다.

어리석은 무지여,
수없이 선한 권고를 들려주었건만 무시하고 말다니.

우리의 권고를 거부했지만

그것이 얼마나 악한 행동인지 머지않아 알게 될 거네.

잘 듣게나. 그리고 인정하기를 두려워하지 말게나.

선한 권고를 기꺼이 받아들이면 구원을 받을 것이네.

그러니 이제 받아들이게나.

하지만 계속해서 권고를 무시한다면

내 장담하건대, 그대는 반드시 멸망하게 될 것이네.

그리고 나서 크리스천은 소망에게 이렇게 말했다. "아무래도 다시 우리 단둘이 걸어가야겠네요."

꿈에서 보니 두 사람은 한참 앞서 걸었고 무지는 뒤에서 절뚝거리며 걸어가고 있었다. 그 모습을 보던 크리스천이 소망에게 말했다. "저 불쌍한 젊은이가 결국 구원받지 못할 것을 생각하면 너무나 안타깝습니다."

소망 ／ 우리 마을에도 저 젊은이 같은 사람들이 아주 많았어요. 집집마다 거리마다 저런 자들로 넘쳐났지요. 심지어 순례자 가운데서도 그와 같은 자를 심심치 않게 봤습니다. 무지한 자들이 우리 마을에도 그토록 많다면 저 젊은이가 태어난 곳에서는 얼마나 더 많을까요?

크리스천 ／ "그들의 눈을 멀게 하시고"요 12:40라는 말씀이 바로 무지와 같은 자를 두고 하신 말씀 같습니다. 이제 우리끼리 있으니 하는 말이지만, 저 젊은이와 같은 사람을 어떻게 보십니까? 저들도 자기 죄를 자각하고 자신의 위험한 상태를 두려워할까요? 소망 형제의 생각은 어떤가요?

소망 ╱ 나보다 연장자시니 크리스천 형제님이 더 잘 알 거라고 믿어요. 먼저 이야기해 보세요.

크리스천 ╱ 내가 볼 때는 저들도 가끔은 죄를 자각할 것 같습니다. 하지만 워낙 무지한 자들이라 그런 죄의 자각이 유익하다는 점을 이해하지는 못하고요. 그래서 어떻게든 죄의식을 억누르고, 괜찮다며 스스로 최면을 거는 거예요.

소망 ╱ 크리스천 형제님의 말처럼 나는 두려움이 사람에게 아주 유익하다고 생각해요. 올바른 순례의 길을 시작할 수 있게 해 주니 말이지요.

크리스천 ╱ 올바른 두려움이라면 분명 유익하지요. 그래서 성경에서 "주를 경외함이 지혜요"라고 하지 않았겠습니까?^{욥 28:28; 시 111:10; 잠 1:7; 9:10}

소망 ╱ 올바른 두려움은 어떤 두려움인가요?

크리스천 ╱ 올바른 두려움은 세 가지로 판단할 수 있어요. 우선, 어디에서 생기는지를 보면 알 수 있습니다. 올바른 두려움은 죄의 자각에서 비롯해요. 또 올바른 두려움은 구원을 얻기 위해 그리스도를 굳게 부여잡게 만듭니다. 마지막으로 올바른 두려움은 계속해서 하나님과 그분의 말씀, 그분의 길을 더욱 경외하게 만들고, 거기서 벗어나 우로나 좌로

치우치지 않도록 양심을 민감하게 만들어 주지요. 올바른 두려움은 하나님의 이름에 먹칠하는 행동을 해서 그분과의 화목을 깨뜨리거나, 성령을 근심하게 만들거나, 사탄에게 하나님을 욕할 구실을 주지 않게 해 준답니다.

소망 ╱ 참으로 옳은 말이군요. 그건 그렇고, 이제 우리가 마법의 땅을 거의 빠져나온 건가요?

크리스천 ╱ 왜요? 이 이야기가 지루한가요?

소망 ╱ 아니요, 그렇지 않아요. 다만 여기가 어디쯤인지 궁금해서 하는 말입니다.

크리스천 ╱ 아직 3킬로미터 정도는 더 가야 합니다. 그러니 하던 이야기를 마저 하도록 하지요. 무지한 사람들은 죄의 자각이 일으키는 두려움이 자신에게 유익한 일인 줄 몰라요. 그래서 어떻게든 그 두려움을 없애려고 하지요.

소망 ╱ 그들은 어떤 식으로 두려움을 없애려 하나요?

크리스천 ╱ 먼저, 그들은 두려움이 마귀가 주는 것이라고 생각합니다. 사실은 하나님이 주시는 것인데도 말이지요. 그래서 그들은 그런 두려움이 자신을 망가뜨릴까 봐 떨쳐 내려고 애를 쓴답니다. 둘째, 그들은 실제로 믿음도 없으면서 그런 두려움이 자신의 믿음을 망칠 거라고 생각해요. 그래서 두려움을 느끼지 않도록 마음을 돌같이 굳게 만들지요. 셋째, 그들은 두려워해서는 안 된다고 착각해요. 그래서 속으로는 두려우면서도 짐짓 자신감이 넘치는 척합니다. 넷째, 그들은 그런 두려움이 자신의 알량한 옛 자기 의를 무너뜨린다는 것을 알고 온 힘으로 그 두려움에 저항하지요.

소망 　남의 일 같지가 않네요. 나도 한때는 그랬으니 말이에요.

크리스천 　이제 무지라는 젊은이는 자기가 알아서 하게 내버려 두고, 다른 이야기로 넘어가 봅시다.

소망 　그러지요. 어떤 이야기를 해 볼까요?

크리스천 　10여 년 전쯤 당신 동네에 살던 잠시Temporary라는 사람을 기억하나요? 당시만 해도 신앙생활에 아주 열심이던 사람이었지요.

소망 　그럼, 알다마다요. 정직Honesty이란 마을에서 3킬로미터쯤 떨어진 타락Graceless이란 마을에 살던 자예요. 후퇴Turn-back란 사람의 옆방에서 살았지요.

크리스천 　맞아요. 후퇴와 한 지붕 아래서 살던 사람이에요. 한때는 꽤 지각이 있던 사람이었는데 말이에요. 자신의 죄와 죗값에 대해 어느 정도는 깨달은 것처럼 보였지요.

소망 　내가 봐도 그랬어요. 우리 집과는 5킬로미터도 떨어져 있지 않아서 그가 자주 찾아오곤 했어요. 그는 눈물을 펑펑 쏟다 돌아가곤 했는데, 나는 그가 불쌍했어요. 희망이 없는 사람 같지는 않았는데……. 하지만 "주여, 주여"라고 부르짖는 자라고 해서 다 천성에 들어가는 건 아니더군요.

크리스천 　한번은 그가 지금의 우리처럼 순례의 길을 떠나기로 결심했다고 하더군요. 하지만 갑자기 자력구원^{Save-self}이란 사람과 친해지면서 나와 소원해졌습니다.

소망 ╱ 후퇴에 관한 이야기를 하는 김에 왜 많은 사람들이 갑자기 변해서 옛 삶으로 돌아가는지 그 이유에 대해 한번 생각해 보면 좋겠어요.

크리스천 ╱ 아주 유익한 대화가 될 것 같아요. 이번에는 소망 형제가 먼저 시작해 보세요.

소망 ╱ 그러지요. 내가 볼 때는 네 가지 이유가 있어요. 첫 번째는, 양심은 깨어났지만 아직 마음이 완전히 변하지 않은 탓입니다. 그래서 죄책감이 희미해지면 신앙의 열정도 사라지는 거예요. 그렇게 되면 옛 삶으로 돌아가고 마는 것이지요. 성경에 "개가 그 토하였던 것에 돌아가고"라는 말씀이 있어요. ^{벤후 2:22} 개가 먹은 것이 탈이 나면 계속해서 구역질을 하게 되잖아요. 개에게도 자유의지라는 것이 있어 토하는 것이 아니라, 단지 위장에 탈이 나서 토하는 것일 뿐이에요. 그런데 구역질이 멈추고 속이 편안해지면 다시 몸을 돌려 토한 것을 핥고 맙니다.

마찬가지로 오직 지옥의 고통에 대한 두려움만으로 천성을 향해 내달리던 자들도 그 두려움이 진정되면 천성과 구원을 향한 열정도 사그라져요. 그래서 죄책감과 두려움이 아예 사라지면 천성과 영원한 행복을 향한 열정도 사라져 옛 삶으로 돌아가고 마는 것이지요.

두 번째 이유는, 그들이 억압적인 두려움에 사로잡혀 있기 때문이에요. 억압적인 두려움이란 인간적인 두려움을 말하는 것이지요. 그래서 성경은 "사람을 두려워하면 올무에 걸리게 되거니와"라고 말합니다.^{잠 29:25} 지옥의 불길이 솟아오르는 소리가 귓가에 쟁쟁할 때는 천성을 향한 열정도 뜨거워 보이지만, 그 두려움이 조금만 가라앉아도 그들은 즉시 딴 마음을 품어요. 확실하지도 않은 것을 위해 모든 것을 포기하거나, 최소한 쓸데없는 고생은 하지 않는 편이 현명하다는 생각이 슬슬 고개를 쳐들기 시작하는 것이지요. 그래서 결국 그들은 다시 세상에 빠지는 거랍니다.

세 번째로, 신앙에 대한 거부감도 그들의 발목을 잡는 요인이에요. 교만하고 오만한 자들의 눈에 신앙은 천박하고 하찮아 보입니다. 그래서 지옥과 다가올 진노에 관한 확신을 잃고 나면 다시 옛 삶으로 돌아갈 수밖에 없지요.

네 번째 이유는, 죄책감이나 두려움에 대한 생각이 그들에게 괴로운 일이기 때문이에요. 그들은 여간해서는 자신의 비참한 상태에 관해 생각하려 들지 않지요. 만일 그들이 자신의 안타까운 상태를 통감했다면 의로운 자들과 같은 방향으로 나아가 안전한 곳에 이르렀겠지요. 하지만 방금 말한 것처럼 그들은 죄와 두려움에 관해서는 생각조차 하기 싫어합니다. 그 때문에 두려움이나 하나님의 진노에 관한 자각이 사라지면 마음이 다시 완악해지고, 그 완악한 마음을 더욱 완고하게 만드는 일들을 골라서 하게 돼요.

크리스천 ╱ 정확히 말해 주었어요. 소망 형제의 말처럼 마음과 의지가 변하지 않은 것이 문제예요. 그래서 그들은 재판관 앞에 선 죄인과도 같습니다. 두려움에 떨며 진심으로 회개하는 것처럼 보이지만, 그것은 그저 형벌이 두려워서 그러는 것일 뿐, 자신의 죄가 미워서 그런 것이 아니지요. 이런 사람은 자유를 얻으면 곧장 강도요 불한당의 모습으로 돌아간답니다. 진정으로 마음이 변한 사람이라면 그럴 수 없지요.

소망 ╱ 그들이 옛 삶으로 되돌아가는 이유에 대해 내가 말해 보았으니, 이번에는 크리스천 형제님이 그들이 어떤 식으로 옛 삶으로 되돌아가는지 들려주세요.

크리스천 ╱ 좋아요. 첫째, 그들은 하나님과 죽음, 다가올 심판에 관한 생각을 머릿속에서 지워 버립니다. 둘째, 그들은 골방에서 드리는 기도나 금욕, 깨어서 죄에 대해 슬퍼하는 일 같은 개인적인 신앙생활을 차츰 멀리하지요. 셋째, 그들은 신실한 믿음의 형제들을 피하기 시작합니다. 넷째, 말씀을 듣고 읽으며 예배에 참석하는 공적 신앙생활을 소홀히 하게 되고요. 다섯째는 자신에게 남은 신앙의 흔적마저 지우기 위해 명분을 만들어요. 예를 들면 경건한 사람들에게서 흠을 찾기 시작합니다.

여섯째, 그들은 육신적이고 방탕한 자들과 어울리기 시작해요. 그들은 구석에서 쑥덕거리며 육신적이고 방탕한 대화에 참여하다가, 경건해 보이는 사람들에게서 그런 모습을 발견하면 자신감을 얻어 더욱 대담하게 그런 대화를 주도하기 시작합니다. 일곱째, 그들은 대놓고 작은 죄들을 저지르기 시작하지요. 마지막으로, 마음이 철저히 완악해져서 본모습을 완전히 드러내요. 어느새 절망적인 타락의 상태에 다시 빠져버린 것이지요. 이제 은혜의 기적이 일어나지 않는 한, 그들은 자기기만 속에서 끝내 영원한 멸망을 당하고 말 겁니다.

죽음의 강 건너
마침내 천성

완주, 그리고 영원한 삶의 시작

꿈에서 보니, 이제 두 순례자는 마법의 땅에서 벗어나 뿔라의 땅에 들어서고 있었다.^{사 62:4} 그곳의 공기는 더없이 상쾌하고 길은 이 땅의 한가운데로 곧게 뻗어 있어서 두 사람은 한동안 기분 좋게 길을 걸었다. 새들은 끊임없이 지저귀고, 사방에 꽃이 만발해 있으며, 기분 좋은 멧비둘기 우는 소리도 들려왔다.^{아 2:10-12} 이 땅에서는 밤낮으로 해가 환하게 땅을 비추고 있었다.

사망의 음침한 골짜기에서 한참 벗어난 곳, 절망의 거인이 얼씬거릴 수도 없는 곳, 의심의 성은 아예 보이지도 않는 곳. 이곳에서는 목적지인 천성도 눈앞에 보였다. 심지어 이곳에서는 천성 시민도 만날 수 있었다. 이 땅에서는 빛나는 사람이 흔하게 걸어 다녔다. 그만큼 천성의 국경에 가까운 곳이었다.

이 땅은 신부와 신랑의 언약이 새로워지는 곳이었다. "신랑이 신부를 기뻐함같이 네 하나님이 너를 기뻐하시리라."^{사 62:5} 이 땅에서는 곡식과 포도주도 부족함이 없었다. 두 사람이 순례의 길 내내 원했던 풍요가 이곳에 있었다. 천성에서 들려오는 큰 음성도 귓가에 쩌렁쩌렁 울렸다. "너희는 딸 시온에게 이르라! 보라! 네 구원이 이르렀느니라! 보라! 상급이 그에게 있고 보응이 그 앞에 있느니라!"^사^{62:11} 이곳 주민들이 모두 두 사람을 가리키며 "거룩한 백성이다. 여호와께서 구속하신 자다"라고 불렀다. ^{사 62:12}

이 땅을 걸으며 두 사람은 순례의 길 어디에서도 맛보지 못한 기쁨을 느꼈다. 천성에 가까워질수록 그 아름다운 모습이 더욱 선명하게 눈에 들어왔다. 천성은 진주를 비롯한 진귀한 보석들로 지어졌으며 거리는 황금으로 포장되어 있었다. 천성 자체의 영광만으로도 눈이 부신데 그 위로 햇빛이 쏟아지자 크리스천은 그 찬란한 모습 앞에서 강한 열망이 자아내는 고통을 느꼈다. 이는 소망도 마찬가지였다. 결국 두 사람은 한동안 쓰러져서 가슴을 움켜쥐고 울부짖었다. "너희가 내 사랑하는 자를 만나거든 내가 사랑하므로 병이 났다고 하려무나!"^{아 5:8}

곧 조금씩 진정된 두 사람은 계속해서 길을 걸어갔다. 천성이 더 가까워지자 길 쪽으로 출입구가 난 과수원과 포도원, 정원이 보였다. 그곳에 이른 두 사람은 길에 서 있는 과수원지기에게 물었다. "이 아름다운 포도원과 정원은 누구의 것입니까?"

그러자 그가 대답했다. "모두 왕이신 하나님의 소유입니다. 이곳은 하나님께서 자신의 즐거움을 위해서뿐 아니라 순례자들을 위로하기 위해 만들어 놓으신 곳입니다."

과수원지기는 두 사람을 포도원으로 데려가 마음껏 먹으라고 권했다. ^{신 23:24} 또한 그는 하나님이 아끼시는 산책로와 정자도 보여 주었다. 두 사람은 그곳에서 쉬다가 잠이 들었다.

나는 꿈에서 두 사람이 잠을 자면서도 그 어느 때보다도 많은 말을 하고 있는 모습을 보았다. 내가 고개를 갸웃거리자 과수원지기가 다가와 내게 말했다. "이상하게 생각할 것 없습니다. 이 포도원의 포도들은 너무 달콤해서 잠든 사람의 입술도 움직이게 만든답니다."

얼마 뒤에 내가 보니, 잠에서 깬 두 사람이 다시 길을 나설 채비를 했다. 그런데 앞서 말했듯이 황금으로 만든 천성계 21:18에 햇빛이 반사되는 모습이 지극히 영광스러웠기 때문에 눈을 뜨고 바라볼 수 없었고, 특별히 제작된 도구를 사용해야만 했다.고후 3:18 어쨌든 계속해서 길을 가던 그들은 황금처럼 빛나는 옷을 입고 얼굴에서도 빛이 나는 두 사람을 만났다.

빛나는 두 사람은 크리스천과 소망에게 어디서 와서 어디에서 묵었으며, 오는 동안 어떤 어려움과 위험을 만났고, 또 어떤 위안과 기쁨을 경험했는지에 대해 물었다. 크리스천과 소망이 자세히 이야기하자 두 사람은 이렇게 말했다. "이제 두 가지 난관만 극복하면 천성에 이르실 겁니다."

크리스천과 소망이 그들에게 동행을 부탁하자 두 사람은 흔쾌히 허락하면서 이렇게 말했다. "하지만 천성에는 자신의 믿음으로 들어가서야 합니다." 나는 꿈에서 네 사람이 천성 문이 보이는 곳까지 함께 걸어가는 모습을 보았다.

그런데 문제가 생겼다. 천성 문 앞에는 강이 흐르고 있었는데 건널 수 있는 다리는 보이지 않고 수심은 매우 깊었다. 이 강을 본 두 순례자가 당황한 표정을 짓자 동행하던 두 사람이 말했다. "이 강을 넘지 않으면 천성 문에 이를 수 없습니다.”

두 순례자가 천성 문으로 갈 수 있는 다른 길은 없는지 묻자 두 사람은 이렇게 대답했다. “있기는 합니다만, 세상이 창조된 뒤로 에녹과 엘리야, 이렇게 두 사람을 제외하고는 그 길로 가는 것이 허락된 사람이 없고, 마지막 나팔 소리가 울려 퍼질 때까지도 없을 것입니다.”고전 15:51-52

두 순례자, 특히 크리스천은 절망한 표정으로 이리저리 둘러보았지만 강을 건너갈 다른 길은 보이지 않았다. 두 순례자는 강의 깊이가 일정한지 물었다. 그러자 두 사람은 이렇게 대답했다. “그렇지 않습니다. 하지만 이 부분에서는 우리가 도와드릴 수 있는 것이 없습니다. 강의 깊이는 이곳의 왕이신 하나님을 향한 믿음의 정도에 따라 깊을 수도, 얕을 수도 있기 때문입니다.”

결국 두 사람은 비장한 표정으로 물속으로 들어갔다. 그러나 이내 가라앉기 시작한 크리스천은 소망에게 다급하게 외쳤다.

크리스천　소망 형제! 물이 목까지 차올랐어요. 이러다 빠져 죽겠어요!

소망　힘을 내요, 형제님! 발이 바닥에 닿는 게 느껴져요. 바닥이 단단합니다!

크리스천　소망 형제, 아무래도 난 이대로 죽는가 봅니다. 젖과 꿀이 흐르는 땅을 보지 못하고 눈을 감다니! 한스럽습니다!

두려움에 휩싸여 혼미해진 크리스천은 순례의 길에서 겪은 수많은 위안도 다 잊은 채 자신은 강에서 죽고 말 거라며 절규했다. 또한 강가에 선 두 사람이 보니 크리스천은 순례를 시작하기 전과 순례를 시작한 뒤에 지은 죄를 떠올리며 몹시 괴로워하고 있었다. 마귀와 악령의 환영에도 시달리는 모습이 역력했다. 크리스천은 눈앞에 마귀가 있다며 연신 비명을 질렀다.

소망은 크리스천의 머리가 물속으로 가라앉지 않게 하려고 안간힘을 썼다. 하지만 크리스천은 완전히 물속에 잠겼다가 한참 뒤에 거의 실신 직전의 모습으로 올라오곤 했다. 소망은 크리스천을 격려하려고 애를 썼다.

소망 　 크리스천 형제님, 저기 천성 문이 보여요! 우리를 환영하려고 사람들이 서 있어요!

크리스천 　 (절망스럽게 고개를 내저으며) 아니에요, 다들 당신을 기다리는 거예요. 당신은 이름처럼 순례의 길 내내 소망이 가득했지요.

소망 　 그건 크리스천 형제님도 마찬가지예요.

크리스천 　 아니에요, 내가 의인이라면 지금쯤 그분이 나를 도우러 오셨을 거예요. 내 죄 때문에 그분이 나를 이 덫에 빠뜨리고 나서 버리신 게 틀림없습니다.

소망 　 크리스천 형제님! 악인에 관한 말씀을 잊어버린 건가요? 성경에 "그들은 죽을 때에도 고통이 없고 그 힘이 강건하며 사람들이 당하는 고난이 그들에게는 없고 사람들이 당하는 재앙도 그들에게는 없나니"라고 하지 않았습니까?[시 73:4-5] 지금 이 강에서 형제님이 겪고 있는 고통과 비통은 하나님이 형제님을 버리셨다는 증거가 아니라, 형제님이 고난 가운데 받은 은혜를 기억하며 하나님을 의지하는지 시험하시는 거라고요!

그때 내가 꿈에서 보니, 크리스천은 잠시 생각에 잠겼고 소망은 그런 그를 바라보며 한마디를 덧붙였다. "크리스천 형제님, 힘을 내요! 예수님이 당신을 온전하게 하고 계십니다!"

그 말을 들은 크리스천이 갑자기 크게 외쳤다. "아! 그분이 다시 보입니다! '네가 물 가운데로 지날 때에 내가 너와 함께할 것이다. 강을 건널 때에 물이 너를 침몰하지 못할 것이다!'[사 43:2]"

그 순간, 두 사람 모두 용기를 얻었고 그때부터 원수는 두 사람이 강을 다 건널 때까지 돌처럼 꼼짝도 하지 못했다. 이제 크리스천의 발은 땅에 닿았고, 그 뒤로 강은 계속해서 얕은 상태를 유지했다. 그리하여 두 사람은 무사히 강을 건널 수 있었다.

반대편 강가에 이른 두 사람은 그곳에서 자신들을 기다리는 빛나는 두 천사를 보았다. 크리스천과 소망이 땅으로 올라오자 빛나는 두 천사가 인사를 건넸다. "우리는 구원의 상속자들을 돌보라고 보내심을 받은 섬기는 영입니다."

그리하여 그들은 함께 천성 문을 향해 걸어갔다. 천성은 높은 산 위에 서 있었지만 두 순례자는 빛나는 천사들이 팔을 잡고 끌어준 덕분에 쉽게 오를 수 있었다. 또한 두 순례자에게는 이제 썩을 육신의 옷이 없었다. 강에 들어갈 때는 그 옷을 입고 있었지만 나올 때는 벗고 나왔기 때문이다. 그래서 천성은 구름보다 더 높은 곳에 있었지만 두 사람은 더없이 민첩하게 산을 오를 수 있었다. 무사히 강을 빠져나온 데다 영광스러운 동행인까지 있으니 마음이 그렇게 평안할 수가 없었다. 그들은 즐겁게 담소를 나누며 구름 속을 걸었다.

크리스천과 소망은 빛나는 천사들과 천성의 영광에 관해 이야기했다. 빛나는 천사들은 천성의 아름다움과 영광이 말로 이루 표현할 수 없을 정도라고 했다.

천사들 　그곳은 시온산의 새 예루살렘입니다. 수를 헤아릴 수 없는 천사들과 온전해진 의인들의 영이 사는 곳이지요.^히 ^{12:22-23} 두 분은 지금 하나님의 낙원으로 가고 있습니다. 그곳에 가면 생명나무를 보고 영원히 시들지 않는 열매를 마음껏 드시게 될 겁니다. 두 분을 위해 준비된 순백의 예복도 보고, 영원토록 매일 하나님과 함께 거닐며 이야기를 나누실 것입니다. ^{계 2:7; 3:4}

그곳에 가면 이전 것은 다 지나갔으니 저 아래 땅에서 보던 슬픔과 질병, 고통, 죽음 따위는 다시는 볼 수 없습니다. ^{사 65:17} 그곳에서는 아브라함과 이삭, 야곱도 만나실 수 있습니다. 그들 외에도 하나님께서 멸망에서 구해 내시어

침상에서 쉬며 그분의 의로 살게 하신 수많은 이들도 보게 되실 거고요. ^{사 57:1-2}

그 말을 들은 두 사람은 "거룩한 곳에서 우리가 무엇을 해야 합니까?"라고 물었다. 그러자 빛나는 천사들은 이렇게 대답했다.

천사들 ╱ 지금까지 한 모든 수고에 대한 위로를 받고 모든 슬픔은 기쁨으로 변할 것입니다. 지금까지 왕을 위해 뿌린 모든 기도와 눈물, 고통의 열매를 거둘 것입니다. ^{갈 6:7-8} 그곳에서는 금 면류관을 쓰고 거룩하신 분의 '참모습'을 영원토록 볼 것입니다. ^{요일 3:2} 또한 세상에서 섬기고 싶었지만 육신의 연약함 탓에 온전하게 섬길 수 없었던 하나님을 찬양과 감사로 영원토록 섬길 것입니다. 눈으로는 전능하신 분을 보고 귀로는 그분의 음성을 들으니 한없이 즐거울 것입니다.

먼저 그곳에 이른 친구들과도 다시 만나고, 이후로 그 거룩한 땅을 밟는 모든 사람을 기쁨으로 함께 맞이할 겁니다. 영광과 위엄의 옷을 입고, 영광의 왕과 행진하기에 손색이 없는 마차에 오를 겁니다. 하늘의 나팔이 울려 퍼지고 구름 속에서 바람의 날개를 타신 분이 오실 때 두 분도 함께 내려와 그분과 나란히 심판의 보좌에 앉을 겁니다. 하나님이 천사든 인간이든 상관없이 모든 악한 자에게 판결을 내리실 때 두 분도 발언권을 얻게 될 겁니다. 그들은 하나님과 두 분의 적들이니까요. 그리고 하나님이 천성으로 돌아오실 때 두 분도 나팔 소리 가운데 함께 돌아와 영원히 그분과 함께 살게 될 겁니다. 살전 4:13-17; 유 1:14-15; 단 7:9-10; 고전 6:2-3

천성 문이 가까워지자 한 무리의 천성 시민이 그들을 맞으러 나왔다. 빛나는 두 천사가 그들에게 큰 소리로 말했다. "이분들은 세상에 있을 때 우리 주님을 사랑하고 그분의 거룩한 이름을 위해 모든 것을 버린 분들입니다! 주님께서 두 분을 모셔 오라고 저희를 보내셨습니다! 두 분을 이렇게 모셔 왔으니 기쁨으로 구속자의 얼굴을 보게 해 주십시오!"

그러자 천성 시민들이 하늘이 떠나갈 듯 크고 힘찬 함성을 질렀다. "어린양의 혼인 잔치에 청함을 받은 자들은 복이 있도다!" 계 19:9

이윽고 빛나는 순백의 옷을 입은 왕의 나팔수들이 나와 연주를 하자 즐거운 음악이 온 하늘에 울려 퍼졌다. 이 나팔수들은 세상에서 온 크리스천과 소망을 우렁찬 함성으로 환영하며 나팔 소리를 크게 울렸다.

나팔 연주가 끝나자 크리스천과 소망은 끊임없이 아름다운 화음을 내며 사방에서 나란히 행진하는 구름 같은 무리에 완전히 둘러싸였다. 그 모습이 마치 천성 전체가 두 사람을 맞이하기 위해 아래로 내려온 것만 같았다. 그렇게 다 함께 걸어가는 동안 나팔수들은 계속해서 환영하는 표정과 몸짓으로 경쾌한 음악을 연주했다. 천사들의 찬란한 모습과 그들이 내는 아름다운 선율에 두 사람은 마치 벌써 천성에 입성한 듯 완전히 넋을 잃었다.

곧이어 천성이 웅장한 자태를 완전히 드러냈고, 그 안에서 두 사람을 환영하는 종소리가 웅장하게 울려 퍼지는 듯했다. 하지만 무엇보다도 그들의 가슴을 가장 벅차게 만든 것은 자신들이 이 무리와 함께 영원토록 함께 살게 된다는 사실이었다. 그 순간 그들이 느낀 영광스러운 기쁨은 한낱 입술이나 펜으로 다 표현할 수 없는 것이었다. 드디어 그들은 천성 문 앞에 이르렀다.

문 위에는 황금으로 이런 글이 쓰여 있었다. "자기 두루마기를 빠는 자들은 복이 있으니 이는 그들이 생명나무에 나아가며 문들을 통하여 성에 들어갈 권세를 받으려 함이로다."^{계 22:14}

내가 꿈에서 보니 빛나는 천사들이 두 사람에게 문을 두드리라고 했다. 두 사람이 문을 두드리자 문 위에서 몇 사람이 내려다보는데, 가만히 보니 다름 아닌 에녹과 모세, 엘리야 등이었다. 빛나는 천사들은 그들에게 "이 두 분은 하나님을 향한 불타는 사랑의 마음으로 멸망의 도시에서 온 순례자들입니다"라고 말했다. 그러고 나서 크리스천과 소망은 각자 순례를 시작하면서 받았던 증서를 그들에게 내밀었다. 그들은 그것을 하나님께 전해 드렸다.

하나님은 그것을 읽고 "그들은 지금 어디 있는가?"라고 물으셨다. "그들은 지금 문 밖에 서 있습니다." 하나님은 즉시 문을 열라고 명령하셨다. "신의를 지키는 의로운 나라가 들어오게 할지어다."^{사 26:2}

나는 꿈에서 이제 이 두 사람이 천성 문 안으로 들어가는 모습을 보았다. 그런데 이럴 수가! 그들이 천성 안으로 들어가는 순간 모습이 변하고 황금처럼 빛나는 옷이 입혀졌다. 또 어떤 이들은 수금과 면류관을 들고 와 두 사람에게 전해 주었다. 수금은 하나님을 찬양하라고 주어진 것이었고, 면류관은 그들의 명예에 대한 상징이었다. 온 천성에서 종소리가 울려 퍼지더니 이런 말이 들려왔다. "주님의 기쁨에 참여하라."

그러자 크리스천과 소망도 큰 소리로 온 힘을 다해 찬양을 부르기 시작했다. "보좌에 앉으신 이와 어린양에게 찬송과 존귀와 영광과 권능을 세세토록 돌릴지어다."계 5:13-14

두 사람이 들어갈 수 있도록 천성 문이 열렸을 때 나는 재빨리 그 안을 들여다보았다. 온 성안이 태양처럼 빛나는 모습이란! 황금으로 포장된 길 위에서 머리에는 면류관을 쓰고 손에는 종려나무 가지를 들고 황금 수금으로 찬양을 연주하며 거니는 수많은 사람들! 그들 가운데 날개가 있는 이들도 있었는데, 그들은 쉼 없이 서로를 향해 "거룩하다, 거룩하다, 거룩하다, 만군의 여호와여!"라고 화답했다. 그 순간 문이 닫혔는데 나도 그곳에 들어가고 싶다는 마음이 간절했다.

내가 이 모든 광경을 지켜보다가 문득 고개를 돌려 보니 무지가 강가로 다가오는 게 보였다. 하지만 그는 크리스천과 소망의 반만큼도 고생하지 않고 강을 건넜다. 그때는 그곳에 헛된 희망Vain-hope 이라는 나룻배 사공이 있었기 때문이다. 사공은 자신의 배로 그를 건너편까지 태워다 주었다. 그리하여 그도 천성 문까지 이르는 산을 올랐는데, 크리스천과 소망의 경우와 달리 도와주거나 격려해 주는 사람 하나 없이 혼자 외로이 올라가야 했다. 천성 문에 이른 그는 고개를 들어 거기에 쓰인 글을 보고는 문이 쉽게 열릴 줄 알고 두드렸다. 하지만 문 위에서 내려다보는 사람들은 "어디서 왔소? 그리고 뭘 갖고 있소?"라고 퉁명스럽게 물을 뿐이었다.

"나는 주님 앞에서 먹고 마셨으며, 주님께서 거리에서 나를 가르쳐 주셨소." 무지가 그렇게 말하자 문 위의 사람들은 증표를 주면 들어가서 하나님께 보여 드리겠다고 말했다. 하지만 무지는 아무리 품을 뒤져도 증표를 찾을 수 없었다. 보다 못한 사람들이 "없소?"라고 묻자 무지는 꿀 먹은 벙어리처럼 아무런 대답도 하지 못했다.

사람들이 하나님께 이 사실을 전하자 하나님은 무지를 보러 친히 내려오시지 않고 크리스천과 소망을 인도해 왔던 빛나는 두 천사에게 무지의 손발을 묶어 내치라고 엄하게 명령하셨다. 빛나는 두 천사는 무지를 데리고 하늘 높이 날아, 내가 이전에 산에서 보았던 문 속으로 던져 버렸다. 그곳을 가만히 살펴보니 멸망의 도시만이 아니라 천성의 문에서도 지옥으로 통하는 길이 있었다.

그 순간 나는 잠에서 깨어났다.

그렇다. 이 모든 것이 다 꿈이었다.

●

“거룩한 곳에서 우리가 무엇을 해야 합니까?”

“지금까지 한 모든 수고에 대한 위로를 받고
모든 슬픔은 기쁨으로 변할 것입니다.
지금까지 왕을 위해 뿌린 모든 기도와 눈물,
고통의 열매를 거둘 것입니다.
금 면류관을 쓰고 거룩하신 분의 ‘참모습’을
영원토록 볼 것입니다.
눈으로는 전능하신 분을 보고 귀로는 그분의 음성을 들으니
한없이 즐거울 것입니다.”

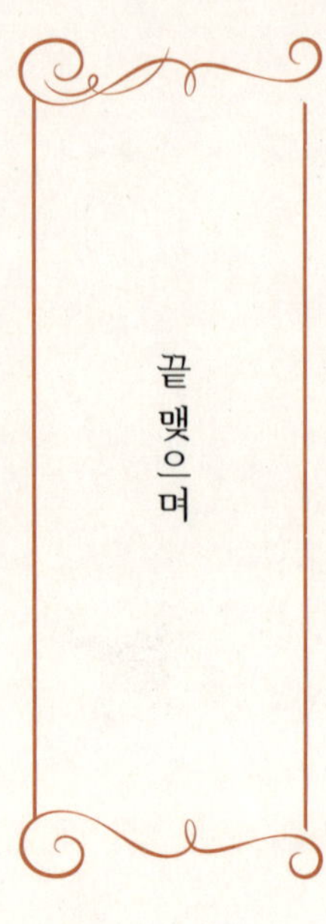

독자들이여, 이렇게 제 꿈 이야기를 다 했습니다.

혹시 가능하다면 제게 해몽을 좀 해 주십시오.

물론 해몽을 해서 그냥 혼자만 알고 있거나

이웃에게 말해 줘도 되지만

이 꿈을 잘못 해석하지는 않도록 조심하십시오.

그렇게 하면 본인에게 득은커녕 해가 될 것이기 때문입니다.

이 꿈을 잘못 해석하면 악이 잇따를 겁니다.

제 꿈의 틀에서 벗어나

마음대로 상상의 나래도 펼치지 마십시오.

이 속의 인물이나 비유를

비웃거나 서로 다투지 마십시오.

그런 행동은 어린아이와 바보나 하게 놔두고

여러분은 제 이야기의 핵심을 보십시오.

커튼을 걷고 제 베일 안을 들여다보십시오.

비유를 곰곰이 생각해 보십시오. 핵심을 놓치지 마십시오.

열심히 찾는다면

정직한 마음에 유익한 것을 반드시 찾게 될 것입니다.

혹시 쓸데없는 것을 발견하거든

과감하게 버리십시오.

단, 황금은 놓치지 마십시오.

만약 제 황금이 광석 안에 숨어 있다면?

속을 못 먹는다고 사과를 통째로 버리는 사람은 없습니다.

그래도 당신이 이 모든 것을 쓸데없다고 생각해 버린다면

저는 기필코 다시 꿈을 꾸고 말 겁니다.

존 번연 John Bunyan

존 번연은 1628년 잉글랜드 베드포드(Bedford) 근처 엘스토(elstow)에서 떠돌이 땜장이이자 잡역부인 토머스 번연(Thomas Bunyan)의 아들로 태어났다. 그는 동네의 가난한 아이들이 다니던 지역 중등학교에서 글을 읽고 쓰는 법을 배웠다. 하지만 글을 공부한 지 얼마 되지 않아 가업을 배우기 위해 학교를 떠나야 했을 것이다.

1644년 이 시골 소년의 삶에서 일련의 비극적인 사건이 잇따라 일어났다. 먼저 6월에 어머니가 세상을 떠났고, 7월에는 여동생 마가렛(Margaret)이 그 뒤를 따라 하늘나라로 갔다. 그러고 나서 그의 아버지는 그해 8월에 곧바로 재혼했다.

그해 11월, 열여섯 살의 존 번연은 의회군의 보병으로 입대하여 3년간 복역했다. 그가 배치된 지역에서는 전투가 거의 벌어지지 않았지만, 군생활은 열악했다. 그러던 어느 날 한 젊은이가 그 대신 임무에 나갔다가 전사하는 사건이 벌어졌다. 이 일을 두고 평생 번연은 하나님이 특별한 사명을 위해 자신을 살려 주셨다고 믿으며 살았다.

1649년 그는 믿음의 아내와 결혼해 새 가정을 꾸렸다. 결혼할 때 아내가 가져온 신앙 도서들을 접하며 그는 진정한 회심을 경험했다. 그러나 신혼살림은 가난했고, 안타깝게도 첫아이가 시각장애를 안고 태어나 더욱 특별히 돌봐야 했다. 그 뒤로 첫 아내는 1658년 세상을 떠날 때까지 세 자녀를 더 낳았다. 아내와 사별한 지 1년이 지나 번연은 재혼을 했다. 혼란스러웠던 시대상 만큼이나 그의 개인사도 녹록지 않았다. 그런데 이즈음 그는 영적 암흑기에 빠져들었다. 그는 예전에 지은 죄로 인해 자신의 구원, 하나님과의 관계, 자신의 진정한 회개를 의심하기 시작했다. 하지만 이 고통스러운 정련과 정화의 시기를 그는 뚫고 나왔으며 마침내 복음을 전하는 설교자로 세워졌다.

한편 번연은 일평생을 내전이 빈번하게 일어나고 영국의 종교 지형도가 다시 그려지는 사회의 대격변 시기에 살았다. 그는 영국 국교회와 별개로 신앙생활을 하는 신자인 '비국교도'(Nonconformist)로 분류되었는데, 1660년 영국의 찰스 2세는 비국교도들의 자유를 제한했다. 하지만 번연은 하나님의 말씀을 전하는 일을 포기할 수 없었고, 결국 베드포드 감옥에 갇히고 말았다. 아내가 그의 방면을 위해 사방으로 힘을 썼지만 그는 12년 동안 옥고를 치러야만 했다. 그 시기에 그는 여러 글을 쓰기 시작했다. 감옥에서 가끔 가족과 친구들을 만나러 나가는 외출이 허락되기도 했다. 그러다 1672년 3월 찰스 2세가 공포한 신앙자유령(Declaration of Indulgence)에 따라 풀려

났다.

출소한 번연은 베드포드의 목사가 되었으며, 그의 별명 "번연 주교"(Bishop Bunyan)는 그가 당시 비국교도들의 확실한 리더였다는 점을 보여 준다. 1677년 핍박이 다시 시작되자 그는 다시 6개월의 옥고를 치렀다. 《천로역정》을 비롯해 많은 작품들이 그가 수감 생활을 하는 동안 탄생했다.

1678년 존 번연은 《천로역정》을 출간했다. 그리고 그로부터 6년 뒤에 《천로역정》 2부가 출간되었다. 그중에서도 영국을 넘어 유럽과 미국 전역에서 번연의 명성을 떨치게 해 준 책은 단연 《천로역정》이다. 후대에는 물론, 그가 살아 있을 때도 이 책은 없는 집이 없었을 정도로 큰 인기를 누렸다.

번연은 런던에 설교를 하러 갔다가 1688년 8월 31일 그곳에서 눈을 감았다. 한 아버지와 아들의 다툼을 중재하기 위해 폭우를 뚫고 갔다가 열병에 걸린 것이 화근이었다. 열병이 아니라 폐렴이 원인이었다는 말도 있다.

한 익명의 전기 작가는 번연을 기골이 장대하고 얼굴의 혈색이 좋고 눈이 반짝거리며 콧수염을 길렀고 이마가 넓은 인물로 묘사했다. 그는 언제나 수수한 옷차림을 하고 다녔다.

베드포드 감옥의 존 번연, 1667

존 번연이 갇혀 있던 베드포드 감옥

비록 학교에서의 배움은 짧았지만 번연의 글은 그 어떤 작가의 글보다도 훌륭하다. 그는 풍자와 영웅 이야기, 유머, 영적 분야까지 거의 모든 장르를 빼어난 솜씨로 다루었다. 그는 평범한 사람들이 겪는 씨름에 깊이 공감을 보였고, 성경의 영적 원칙을 그들의 실질적인 삶과 연결시키는 재주가 탁월했다.

성경 다음으로 가장 많이 인쇄된 책이라는 《천로역정》은 절박감이 감도는 여행의 시작 장면에서 순례자들이 죽음의 강을 건넌 뒤에 펼쳐지는 찬란한 마지막 장면까지, 하나님을 향한 모든 신앙인의 영적 여정을 생동감 넘치게 그대로 재현해 냈다는 평을 듣는다. 이외에도 《죄인의 괴수에게 넘치는 은혜》, 《거룩한 전쟁》, 《악인 씨의 삶과 죽음》 등의 명저를 남겼다.

● 한눈에 보는 존 번연의 생애와 시대상 ●

나라의 사건

존 번연의 생애

찰스 1세 왕 즉위 — 1625년

1628년 — 베드포드 인근의 엘스토에서
토머스와 마가렛 번연의 아들로 태어남

영국 내전(의회파와 왕당파의 싸움) 발발 — 1642년

1644년 — 어머니, 누이 사망과 아버지의 재혼.
의회파 군대에 입대

의회파 신형군의 네이즈비 전투 승리 — 1645년

제2차 내전 — 1647년 — 엘스토로 귀향

1648년 — 결혼

찰스 1세가 처형되고
공화정이 선포됨 — 1649년

1650년 — 딸 메리가 시각장애를 안고 태어남

영국과 네덜란드의 제1차 전쟁 — 1652년 — 회심

올리버 크롬웰이 호국경이 됨 — 1653년 — 베드포드 세인트존교회에서 모인
독립 회중교회에 등록

잉글랜드가 11개 군사 지구로 분할 — 1655년 — 일가족이 베드포드의
세인트 커스버트가에 거주

1656년 — 첫 저서인
Some Gospel Truths Opened
(드러난 복음의 진리) 출간

올리버 크롬웰의 사망 — 1658년 — 아내와 사별

1659년 — 재혼

왕정복고로 찰스 2세가 왕이 됨 — **1660년** — 할링턴 부근에서 체포되어
주(州) 감옥에 12년간 투옥됨.
베드포드 회중교회는 비밀리에 모임

종교통일령으로 비국교도
목사들의 성직록(祿)이 박탈됨 — **1662년**

비밀집회 금지령으로 국교회
이외의 종교 집회가 금지됨 — **1664년**

흑사병이 최고조에 달함 — **1665년**

런던 대화재 — **1666년** — 《죄인의 괴수에게 넘치는 은혜》 출간

찰스 2세의 신앙자유령 공포 — **1672년** — 석방되어
베드포드 회중교회의 목사가 됨

1677년 — 단기간의 제2차 투옥
1678년 — 《천로역정》 출간

1682년 — 《거룩한 전쟁》 출간

1684년 — 《천로역정》 제2부 출간

찰스 2세가 죽고
동생 제임스 2세가 왕이 됨 — **1685년**

신앙자유령이 새로 공포되어 비국교도에
대한 박해가 누그러지기 시작 — **1687년**

1688년 — 사망. 런던에 묻힘

윌리엄과 메리가 공동 왕이 되고 관
용령이 통과되어 비국교도에게 상
당한 자유가 부여됨 — **1689년**

1692년 — 재혼한 아내 엘리자베스 사망

THE END

이제 여러분의 차례입니다.